Hanser Anthropologie
Herausgegeben
Wolf Lepenies und Henning Ritter

L

Das Enc

von

Lionel Trilling

Das Ende der Aufrichtigkeit

Aus dem Amerikanischen von
Henning Ritter

Carl Hanser Verlag

ISBN 3-446-12840-9

Schutzumschlag: Klaus Detjen, unter Verwendung der
Radierung ›Komiker‹ (1904) von Paul Klee

Gesamtherstellung: Kösel, Kempten
Printed in Germany

Inhalt

Für meinen Vetter
I. Bernhard Cohen

Vorwort

Diese Vorlesungen habe ich im Frühjahr 1970 an der Harvard Universität als *Charles Eliot Norton Professor of Poetry* gehalten. Als ich mich für das Thema einer historischen Betrachtung der miteinander verwandten Ideale von Aufrichtigkeit und Authentizität entschied, war mir klar, daß das nicht in sechs Vorlesungen abzuhandeln sein würde. Dadurch wurde ich in meinem Vorhaben ermutigt. Als ich dann die letzte der Vorlesungen hielt, war das Bewußtsein, daß sie ihr Thema unmöglich erschöpfen konnten, keineswegs geringer geworden, doch es inspirierte mich nicht mehr, weil nun klar war, wie sehr und in welcher Weise sie dem Thema nicht gerecht wurden, und ich war alles andere als glücklich, als ich die wichtigen Fragen und Gestalten aufzählte, die sie nicht behandelten. Jetzt, da ich sie im wesentlichen unverändert, aber überarbeitet veröffentliche, komme ich naturgemäß auf den Gedanken zurück, daß das Thema so ausgreifend, ja nahezu deckungsgleich mit der Kultur von vier Jahrhunderten ist, daß selbst eine auch nur partielle Untersuchung nützlich sein kann, indem sie seine Reichweite deutlich macht und einige der vielen Ironien festhält, die seine Geschichte ausmachen.

L. T.

New York
März 1972

I.
Aufrichtigkeit: Ursprung und Aufstieg

Gelegentlich kann man beobachten, wie das moralische Leben sich selbst revidiert, wenn es etwa dem einen oder anderen seiner Elemente nicht mehr ein so großes Gewicht beimißt wie früher oder ein neues Element, eine Form des Verhaltens oder Fühlens, das bis dahin nicht als wesentlich für die Tugend gegolten hatte, erfindet und sich dadurch erweitert.

Die Nachricht von einem solchen Ereignis wird häufig mit einer gewissen Ironie oder einem anderen Zeichen von Widerstand aufgenommen. Heute sind wir natürlich der Meinung, das moralische Leben sei unaufhörlich in Fluß und die (wie wir sagen) Werte einer Epoche seien nicht dieselben wie die einer anderen. Es fällt uns sogar nicht schwer zu glauben, daß solche Veränderungen sich nicht immer schrittweise vollziehen, sondern manchmal ganz plötzlich eintreten. Diese bereitwillige Anerkennung des Wandels im moralischen Leben gehört zu unserer modernen Betrachtungsweise der Literatur. Manchmal jedoch führt gerade unsere Erfahrung von Literatur dazu, daß wir uns der Vorstellung eines abrupten moralischen Wandels widersetzen und daran zweifeln, daß die von uns beobachteten Verschiebungen der Moralauffassung die Glaubwürdigkeit verdienen, die wir ihnen so gerne geben. Im allgemeinen ist unser Gefühl für die Unterschiede zwischen den Moralauffassungen zweier Kulturen so entwickelt und lebhaft, daß wir an so etwas wie eine wesenhafte Menschennatur kaum glauben können. Doch wir alle kennen Augenblicke, in denen diese Unterschiede, so wie die Literatur sie zeigt, gleichgültig und kaum existent scheinen. Lesen wir die *Ilias* oder die Stücke von Sophokles oder Shakespeare, sind sie unserem Denken und Fühlen so nahe, daß sie unser von einer besonderen Kultur geprägtes Moralbewußtsein überwältigen oder momentan außer Kraft setzen: wir kommen dann zu der Überzeugung, daß die menschliche Natur sich nicht wandelt, daß das moralische Leben eine Einheit ist und ewig besteht. Nur eine vorlaut aufdringliche Pedanterie kann etwas anderes sagen.

Doch wenn wir dann die Sache noch einmal durchdenken, kehrt sich dieses Urteil um, und wir entdecken, wie wir auf alle Einzelheiten der Auffassungsweise, des Denkens und Fühlens aufmerksam werden, in denen sich die Moralität eines Zeitalters von der eines anderen unterscheidet, und es will uns scheinen, als bestünde ein angemessenes Verständnis von Literatur darin, die Unterschiede zwischen moralischen Idiomen schnell und klar zu erkennen.

Diese Ambivalenz verspüre auch ich, wenn ich die These aufstelle, daß das moralische Leben Europas sich an einem bestimmten Punkt seiner Geschichte um ein neues Element erweitert hat, nämlich den Zustand oder die Eigenschaft des Selbst, die wir als Aufrichtigkeit *(sincerity)* bezeichnen.

So wie wir das Wort heute verwenden, bezeichnet es in erster Linie die Übereinstimmung von mitgeteiltem und wirklichem Fühlen. Ist es überhaupt sinnvoll, zu sagen, daß der Wert dieser Übereinstimmung in einem bestimmten Moment der Geschichte als etwas Neues in das moralische Leben eingeführt wurde? Ist diese Übereinstimmung nicht so alt wie Rede und Gebärde?

Doch ich unterdrücke diesen Zweifel mit der Überlegung, daß das Wort sich auf eine Person nicht ohne Berücksichtigung ihrer kulturellen Lebensverhältnisse anwenden läßt. Zum Beispiel können wir vom Stammvater Abraham nicht sagen, er sei ein aufrichtiger Mann gewesen. Eine solche Aussage kann nur komisch wirken. Über die Aufrichtigkeit eines Achill oder Beowulf kann man nicht streiten: sie sind weder aufrichtig, noch sind sie es nicht. Wenn wir aber fragen, ob der junge Werther wirklich so aufrichtig ist, wie er es sein möchte, oder welche der beiden Dashwood-Schwestern – Elinor oder Marianne – von Jane Austen als die aufrichtigere dargestellt wird, dann können wir damit rechnen, daß sich jede der alternativen Antworten ernsthaft begründen läßt.

Im *Hamlet* gibt es einen Augenblick von einzigartigem und anrührendem Zauber. Polonius erteilt Laertes für seine Reise nach Paris seinen väterlichen Rat, der kaum erwarten kann, Gehör zu finden, geschweige denn befolgt zu werden. Die Sentenzen des alten Mannes suchen einander an Klugheit und Beschränktheit zu überbieten, und wir erkennen in ihnen nicht nur einen senilen, sondern einen kleinen Geist. Dann aber hören wir überrascht:

This above all: to thine own self be true
And it doth follow, as the night the day,
Thou canst not then be false to any man.

Natürlich versuchen wir, diesen Schlußsatz der Rede des Polonius so zu verstehen, daß er sich mit unserer schlechten Meinung von dem Sprecher verträgt: »Wenn du deine eigenen Interessen immer obenan stellst, wenn du es auf den ersten Platz abgesehen hast, dann wirst du deine Gefährten nicht zu dem Irrtum verleiten, damit zu rechnen, daß du ihren Interessen treu bist, und so wirst du es vermeiden, ihren Zorn hervorzurufen, wenn du, wie es nicht ausbleiben kann, ihre Erwartungen enttäuschst.« Doch die Worte widersetzen sich dieser Lesart. Unser Wunsch, ihren Sinn mit unserer Meinung über Polonius in Einklang zu bringen, wird durch den Tonfall dieser Zeilen, ihren luziden moralischen Lyrismus, zunichte gemacht. So kommen wir zu der Überzeugung, daß Polonius einen Moment von Begnadung und Wahrheit hat, in dem er sich selbst transzendiert. Er hat erkannt, daß Aufrichtigkeit eine wesentliche Voraussetzung der Tugend ist, und hat entdeckt, wie man sie erlangen kann.

In welchem Maße *Hamlet* von dem Thema der Aufrichtigkeit durchzogen ist, ist allgemein bekannt. Für Hamlet selbst ist es charakteristisch, daß er in seiner ersten großen Rede seine Aufrichtigkeit betont, indem er sagt, es gelte ihm kein »scheint«. In der Tat besteht eine Diskrepanz zwischen dem Gefühl, das er angesichts des Todes seines Vaters bekundet, und dem, was er wirklich fühlt, doch ist es nicht die Diskrepanz, die seine Mutter seiner Ansicht nach an ihm gewahrt – er fühlt nicht weniger, sondern mehr, als er zeigt, es ist in ihm etwas, »was über allen Schein«. Die Szene mit den Schauspielern handelt von den künstlerischen Mitteln, durch die eine Übereinstimmung von Gefühl und Äußerung erzielt werden kann, und auf diese schauspielerische Übereinstimmung nimmt Hamlet in einer unpassenden Weise Bezug, als er, in Ophelias Grab stehend, Laertes im Ausdruck von Trauer übertrumpft: *»Nay, an thou'lt mouth,/ I'll rant as well as thou«*. Und dann

This above all... Dies über alles: sei dir selber treu,/ Und daraus folgt, so wie die Nacht dem Tage,/ Du kannst nicht falsch sein gegen irgendwen. (Übers. A. W. von Schlegel.)

Nay an thoult... Prahlst du groß,/ Ich kann's so gut wie du. (A. W. von Schlegel.)

ist da Horatio: Hamlet hat ihn ins Herz geschlossen, weil dieser Freund, wie er sagt, nicht Sklave der Leidenschaft ist; seine stoische *apatheia* macht Horatio zu dem, was er uns zu sein scheint, ein Gemüt, das ganz in sich ruht, ein Beispiel vollkommener Aufrichtigkeit.

Doch von allen Elementen des Stückes – es sind viel mehr als die von mir erwähnten –, die uns über Aufrichtigkeit nachdenken lassen, sind die berühmten drei Zeilen des Polonius am bewegendsten, vielleicht wegen ihres verborgenen Pathos. *»To thine own self be true«* – mit welch einem Versprechen klingt diese Wendung in unserem Ohr nach! Jeder von uns wird von diesem Imperativ angesprochen, und wir denken an die zahllosen Schwierigkeiten und Zweifel, die überwunden wären, wenn wir ihm nur Folge leisten würden. Welch ein Einklang wird uns angekündigt – zwischen mir und meinem eigenen Selbst: gab es je zwei Wesen, die besser zueinander paßten? Wer wünschte nicht, wahr zu seinem eigenen Selbst zu sein? Wahr, das heißt loyal, nie schwankend in Beständigkeit. Wahr, das heißt redlich: im Umgang mit dem Selbst darf es keine Ausflüchte geben. »Wie kommt es«, schreibt Dickens auf der Höhe seiner Laufbahn, »daß mich jetzt immer, wenn ich gedrückter Stimmung bin, ein Gefühl überfällt, als hätte ich im Leben *ein* Glück verfehlt und *einen* Freund und Gefährten nie gefunden?« [1] Wir wissen, wer dieser Freund und Gefährte ist, der ihm fehlte. Mit Matthew Arnold begreifen wir, wie schwer es ist, das eigene Selbst zu erkennen, es zu finden und ihm gegenüber wahr zu sein.

Below the surface stream, shallow and light,
Of what we say we feel – below the stream,
As light, of what we think we feel – there flows
With noiseless current strong, obscure and deep,
The central stream of what we feel indeed. [2]

Etwa dreißig Jahre, nachdem Arnold wehmütig feststellte, wie schwierig, vielleicht sogar unmöglich es ist, das eigene Selbst zu lokalisieren, begann Freud eine Forschungsdisziplin zu schaffen, die entdecken sollte, wo es zu finden wäre. Doch noch immer rätseln wir nicht nur, wo das Selbst seinen Sitz haben mag, sondern wir wissen noch nicht einmal, was es ist, wonach wir suchen. Bei Schiller heißt es: »Jeder

Below the surface stream... Unter der glatten und leichten Oberfläche dessen, was wir zu fühlen vorgeben – unter dem ebenso leichten Dahinströmen dessen, was wir zu fühlen meinen – fließt in geräuschlosem Fluß, stark, dunkel und tief, der innere Strom dessen, was wir wirklich fühlen.

individuelle Mensch, kann man sagen, trägt, der Anlage und Bestimmung nach, einen reinen, idealischen Menschen in sich, mit dessen unveränderlicher Einheit in allen seinen Abwechslungen übereinzustimmen die große Aufgabe seines Daseins ist.« [3] Dieser reine Mensch – ist er das eigene Selbst? Ohne Zweifel ist er, was Matthew Arnold das »beste Selbst« genannt hat – aber ist dies das eigene Selbst? Ist es nicht eher das beste Selbst der Menschheit allgemein und nicht mein besonderes? Wenn es also überhaupt mein eigen genannt werden kann, wenn es deswegen, weil es der Menschheit bestes Selbst ist, auch mein bestes Selbst sein muß, so bedeutet das doch gerade, daß es nicht mein (wie Keats es genannt hat) einziges Selbst ist. Ich weiß, daß es mit einem anderen Selbst zugleich existiert, welches im öffentlich-moralischen Sinne weniger gut ist, doch gerade wegen seiner Schuldhaftigkeit als mir eigentümlicher angesehen werden kann. So dachte Hawthorne: »Sei wahr! Sei wahr! Sei wahr! Zeige der Welt bereitwillig wenn nicht deinen schlechtesten, so doch einen Zug, aus dem der schlechteste erraten werden kann.« [4]

Wenn Aufrichtigkeit bedeutet, daß man Falschheit gegenüber jedermann vermeidet, indem man dem eigenen Selbst treu ist, dann läßt sich leicht einsehen, daß diese Form persönlicher Existenz nicht ohne außerordentliche Anstrengung zu erlangen ist. Dennoch haben an einem bestimmten Punkt der Geschichte bestimmte Menschen und Klassen von Menschen die Idee gehabt, daß eine solche Anstrengung für das moralische Leben die größte Bedeutung hätte. Der Wert, den sie der Aufgabe der Aufrichtigkeit beigemessen haben, ist zu einem hervorstechenden, vielleicht definierenden Merkmal der westlichen Kultur für etwa vierhundert Jahre geworden.

2.

Eine historische Darstellung der Aufrichtigkeit darf nicht nur die Entstehung und die Zeit der Vorherrschaft des Begriffs in ihr Blickfeld einbeziehen, sondern sie muß auch seinen schließlichen Niedergang, die nachhaltige Schwächung seiner einst ausgeübten Autorität berücksichtigen. Das Wort selbst hat ein Großteil seiner einstigen Würde verloren. In unseren Ohren klingt es anachronistisch und mutet uns sonderbar an. Wenn wir es benutzen, dann wahrscheinlich entweder mit Unbehagen oder ironisch. In seiner häufigsten Verwendung ist es eine bloße Verstärkung, die aber so wirkt, daß das im wörtlichen Sinne Gemeinte negiert wird – »Ich glaube aufrichtig« hat weniger Gewicht als »ich glaube«. Wenn man heute ein literarisches Werk lobt, indem man es aufrichtig nennt, dann ist das bestenfalls eine andere Ausdrucksweise dafür, daß es zwar keine ästhetische und intellektuelle Bewunderung verdient, aber wenigstens der Unschuld des Gemüts entsprungen ist. Wenn F. R. Leavis allen Ernstes im Werk von T. S. Eliot zwischen Aspekten unterscheidet, die aufrichtig, und solchen, die es nicht sind, dann neigen wir eher dazu, in dieser Unterscheidung ein Beispiel für die einnehmend altertümliche Ernsthaftigkeit des Kritikers Leavis zu sehen.

Die Entwertung der Aufrichtigkeit hängt wesentlich, obgleich auf paradoxe Weise, mit dem Mystizismus der klassischen Literatur unseres Jahrhunderts zusammen. Einige ihrer großen Autoren haben ihrem Werk und ihrem Publikum gegenüber die Position eingenommen, sie seien nicht eine Person oder ein Selbst, sondern in erster Linie Künstler. Damit wollten sie sagen, daß sie nicht im Sinne der Definition, die Wordsworth vom Dichter gegeben hat, als Mensch zu Menschen sprachen. Ihre entsprechenden Äußerungen sind zu ihrer Zeit berühmt gewesen und Lesern eines bestimmten Alters unvergeßlich. Eliot etwa sagte: »Die Entwicklung des Künstlers besteht in einem ständigen Selbstopfer, einem ständigen Auslöschen der eigenen Persönlichkeit.« [5] Joyce: »Die Persönlichkeit des Künstlers ... sublimiert sich aus der Existenz hinaus, entpersönlicht sich gewissermaßen.« [6] Gide – ausgerechnet er! – sagt: Der ästhetische Standpunkt ist der einzig stimmmige, den man für die Beurteilung meines Werkes einnehmen kann.« [7] Ihr vollendetes Künstlersein schloß aus, daß sie Menschen waren, die zu Menschen sprachen, so daß das Kriterium der Aufrichtigkeit, die Übereinstimmung zwischen Gefühl und Äußerung, für die Beurteilung ihres Werkes unerheblich bleibt. Das Paradoxe dieser Position tritt natürlich in dem Maße zutage, in dem das Werk der großen Autoren der Moderne gerade mit persönlichen Fragen, mit dem Selbst und den Schwierigkeiten, ihm treu zu sein, in erster Linie zu tun hat. Ich möchte eine Charakterisierung der klassischen Literatur vom Anfang unseres Jahrhunderts zitieren, die ich einmal in anderem Zusammenhang gegeben habe: »Noch nie ist eine Literatur in so schockierender Weise persönlich gewesen. Sie stellt uns die Frage, ob wir mit unserem Eheleben, mit unserem Beruf und mit unseren Freunden zufrieden sind... Sie fragt uns, ob wir mit uns selbst zufrieden, ob wir erlöst oder verdammt sind – mehr als mit irgendetwas sonst beschäftigt sie sich mit dem Problem der Erlösung.« [8] Das Paradox zeigt sich weiter darin, daß diese Literatur ihre Berechtigung, unzulässige persönliche Fragen zu stellen, daraus ableitet, daß die Autoren eben diese Fragen an sich selbst gerichtet haben. Bei all ihrem Bemühen um Unpersönlichkeit spielen sie in unserem Bewußtsein die Rolle von Personen, ja Persönlichkeiten von beispielhaftem Zuschnitt, wobei jeder von ihnen sich die Frage stellt, was sein eigenes Selbst und ob er ihm treu sei, und wir werden dadurch aufgefordert, dieser Selbsterforschung nachzueifern. Was sie über die Notwendigkeit sagen, über das persönliche Selbst hinauszugehen oder es zu vernichten, verstehen wir als einen Ausdruck der Qual, die dieses Selbst zu erdulden hat, oder als Anspruch auf schamanistische Macht: Nicht ich habe diese Worte gesprochen, sondern der Wind, der Geist.

Die Lehre von der Unpersönlichkeit des Künstlers fand eine loyale Gefolgschaft in der Kritik, die mit der klassischen modernen Literatur groß geworden ist. Diese Kritik hat in ihrer Behandlung des Problems der Persönlichkeit ein wohldurchdachtes, zweideutiges und willkürliches Spiel gespielt. Während sie uns immer empfänglicher für die einzigartige Qualität der dichterischen Stimme, gerade in ihrer persönlichen und noch nicht moralischen und sozialen Bedeutung, gemacht hat, beharrte sie gleichzeitig darauf, daß der Dichter überhaupt keine Person sei, sondern nur eine *persona,* und daß man das literarische *decorum* verletze, wenn man ihm eine persönliche Existenz zuschriebe.

Diese reine Auffassung von der Literatur hat zweifellos als Korrektiv ihren Nutzen. Doch die Zeit scheint vorüber, als man die schlichte Wahrheit, daß Kritik etwas anderes sei als Klatsch, noch durch das Verbot betonen mußte, die Ähnlichkeiten zwischen Stephen Dedalus und James Joyce oder zwischen Michel oder Jérôme und André Gide festzustellen. Heute wird von uns nicht mehr verlangt, die Tatsache, daß der Held von Prousts Roman Marcel heißt, als puren Zufall anzusehen. In den letzten beiden Jahrzehnten haben englische und amerikanische Dichter die geheiligte Doktrin der *persona* fallengelassen und glauben nicht mehr daran, daß der Dichter sich uns nicht als eine Person, als ein Mensch, der zu Menschen spricht, darstellen und von uns so gesehen werden dürfe, sondern eine rein ästhetische Existenz haben müsse. Donald Davie hat in einem interessanten Aufsatz auf das Ende dieses einst so zentralen Glaubensartikels aufmerksam gemacht. Wie er sagt, hält man heute »ein Gedicht, in dem ›ich‹ direkt und unzweideutig für den Autor steht, unbedingt für besser als ein Gedicht, in dem ›ich‹

nicht den Autor, sondern die *persona* des Autors bezeichnet«. [9] In diesem auffälligen Sinneswandel sieht Davie eine Rückkehr zur romantischen Auffassung von der Aufrichtigkeit. Sein Aufsatz hat den Titel: »Aufrichtigkeit: Von Wordsworth zu Ginsberg«.

Ich möchte hier nicht spitzfindig sein – das Wort »Aufrichtigkeit« trifft das, was Davie im Auge hat, gut genug. Trotzdem meine ich, daß wir die von ihm beschriebene Entwicklung besser verstehen, wenn wir sie durch ein anderes Wort bezeichnen. Die unmittelbare Selbstdarstellung – wohl in der Absicht, dem eigenen Selbst treu zu bleiben –, die Davie als charakteristisch für viele zeitgenössische Dichter ansieht, kann nicht mit vollkommener Schlüssigkeit als Bemühen um Aufrichtigkeit bezeichnet werden, weil die Begründung nicht dieselbe ist wie die, mit der Polonius den Wunsch erklärt, seinem eigenen Selbst treu sein zu wollen: daß man dann nämlich nicht zu irgend einem Menschen falsch sein könne. Diese Absicht steht nicht mehr in derselben Weise im Vordergrund. Das heißt nicht, daß man sich heute moralisch nichts darauf zugute hielte, Falschheit gegenüber anderen zu vermeiden, sondern nur, daß dies nicht der bestimmende Zweck ist, wenn man dem eigenen Selbst treu sein möchte. Daß die Aufrichtigkeit ihren früheren Rang verloren hat und sogar das Wort in unseren Ohren schal klingt und seine Bedeutung fast zu negieren scheint, hat seinen Grund darin, daß Wahrhaftigkeit gegenüber sich selbst nicht als Zweck, sondern bloß als Mittel empfohlen wird. Wenn man sich selbst gegenüber wahrhaftig ist, um anderen gegenüber Falschheit zu vermeiden, ist man dann wirklich dem eigenen Selbst gegenüber aufrichtig? Das moralische Ziel, das man dabei im Auge hat, schließt ein öffentliches Ziel mit ein, mit all dem Respekt und Ansehen, die die Folge der korrekten Erfüllung einer öffentlichen Rolle sind.

Das Wort ›Rolle‹ habe ich nicht mit Überlegung gewählt, sondern es hat sich mir ganz ›natürlich‹ aufgedrängt. Wir sprechen heute von Rollen, ohne an ihre ursprüngliche Bedeutung im Schauspiel zu denken: »in meiner beruflichen Rolle«, »in meiner Rolle als Vater (oder Mutter)«, ja sogar: »in meiner Rolle als Mann (oder Frau)«. Die alte Bedeutung, die von der Schauspielerei herkommt, ist dabei gegenwärtig, ohne daß wir es uns bewußtmachen. Zu ihr gehört die Vorstellung, daß irgendwo unter all den verschiedenen Rollen jene arme, alte, letzte Wirklichkeit vorhanden ist, das Ich, das, nachdem alle Rollen gespielt sind, vielleicht murmeln möchte: »Fort! Fort, all der geborgte Tand«, um endlich bei dem eigenen ursprünglichen Selbst Ruhe zu finden.

Sicher ist es kein Zufall, daß die Idee der Aufrichtigkeit, des eigenen Selbst und der Schwierigkeit, es zu erkennen und zu zeigen, die Menschen in einer Epoche zu beschäftigen begann, als das Theater eine plötzliche Blütezeit erlebte.* Eine bekannte neuere soziologische Untersuchung trägt den Titel *The Presentation of Self in Everyday Life*** – wir dürfen annehmen, daß der Hamlet unserer Tage versichert, er trage etwas in sich, was mehr als Darstellung sei. Bei der Darstellung des Selbst auf der gesellschaftlichen Bühne spielt die Aufrichtigkeit ihrerseits eine eigenartig zwielichtige Rolle. Die Gesellschaft verlangt von uns, daß wir uns aufrichtig geben, und die wirksamste Methode, dieser Forderung zu genügen, besteht darin, wirklich aufrichtig zu sein, wirklich so zu sein, wie die Gesellschaft von uns denken soll. Kurz, wir spielen die Rolle, wir selbst zu sein, aufrichtig spielen wir die aufrichtige Person, mit dem Ergebnis, daß man unsre Aufrichtigkeit für nicht authentisch hält.

Das Wort »authentisch« geht uns gegenwärtig so leicht und in so vielen Verbindungen von der Zunge, daß es Versuchen, es zu definieren, wie ich sie später unternehmen werde, wahrscheinlich leicht widerstehen wird. Jetzt aber kann ich vielleicht soviel sagen, daß es eine

* Siehe dagegen Eric Bentley, »Theatre and Therapy«, *New American Review,* VIII (1970), S. 133–34. »Die Vorstellung, daß ›die ganze Welt eine Bühne ist und Männer und Frauen nur Spieler sind‹, ist nicht die einfallsreiche Improvisation des Zynikers Jacques bei Shakespeare, sondern es ist ein Gemeinplatz der westlichen Zivilisation. Es ist eine alte Wahrheit und sie war an der Wand von Shakespeares Globe Theater in einer Sprache zu lesen, die älter ist als Englisch: ›*Totus mundus facit histrionem*‹. Wenn man mit manchen Psychiatern vom Leben als einem Rollenspiel spricht, so ist das nur eine neue Formulierung und kein neuer Gedanke.« Daß diese Vorstellung alt ist, läßt sich nicht bestreiten, wie man aus den Bemerkungen von Hans Jonas über das schauspielerische Element der stoischen Moral (hier S. 85) sehen kann. Doch, wie ich bereits angedeutet habe, hat es Kulturepochen gegeben, in denen die Menschen von sich nicht gedacht haben, sie hätten mehr als ein Selbst und eine Vielzahl von Rollen. Im weiteren vertritt Bentley sowohl die Unvermeidlichkeit wie den positiven Wert des Rollenspiels. »Es ist eigenartig«, sagt er, »daß die Wendung ›schauspielen‹ eine abfällige Bedeutung bekommen hat; man sieht Unaufrichtigkeit darin. Doch die Gemeinplätze, die ich zitiert habe, sagen, daß es zum Schauspielen keine Alternative gibt. Man kann nur zwischen der einen und der anderen Rolle wählen. Eben dies macht die positive Seite dieser Vorstellung aus, daß wir nämlich die Wahl haben und das Leben uns Alternativen anbietet ...« Das Argument ist bestechend, doch, wie ich meine, kann es die beharrlichen Forderungen des Selbst nicht zum Verstummen bringen.

** Die Selbstdarstellung im Alltag. Das Buch von Erving Goffman erschien deutsch unter dem Titel: *Wir alle spielen Theater.*

intensivere moralische Erfahrung voraussetzt als Aufrichtigkeit, eine anspruchsvollere Auffassung des Selbst und dessen, was es bedeutet, sich selbst treu zu sein, eine umfassendere Beziehung auf die Welt und die Stellung des Menschen in ihr und schließlich eine weniger großzügige und weniger freundliche Ansicht von den sozialen Bedingungen des Lebens. Vieles von dem, was man einst als wesentlich für die Kultur ansah, scheint nun nur noch wenig zu bedeuten und nichts mehr zu sein als Phantasterei, Ritual oder geradezu Betrug. Umgekehrt hat vieles von dem, was die Kultur traditionell ablehnte und möglichst ausschloß, erheblich an moralischer Autorität gewonnen, weil man ihm Authentizität zuspricht, wie zum Beispiel der Unordnung, der Gewalt, der Unvernunft. Der Begriff des Authentischen kann sogar die Kunst verneinen und bezeichnet dennoch zugleich die dunkle Quelle der Kunst: so für Yeats, der selbst kein schlechter Rollenspieler und ein Liebhaber der *personae* war, in einem Moment, als alle seine Darbietungen ihm nichts mehr bedeuteten und er herausfinden mußte, wie er neue entwickeln könnte.

Those masterful images because complete
Grew in pure mind, but out of what began?
A mound of refuse or the sweeping of a street,
Old kettles, old bottles, and a broken can,
Old iron, old bones, old rags, that raving slut
Who keeps the till. Now that my ladder's gone
I must lie down where all the ladders start,
In the foul rag-and-bone shop of the heart. [10]

Einst hatte man der Aufrichtigkeit eine große schöpferische Kraft zugesprochen, doch nichts, was der fabelhaften Fruchtbarkeit gleichkäme, die unser modernes Urteil im Authentischen erkennt, das alle kulturellen Überbauten bis zu einem Punkt durchstößt, an dem alle Bewegung endet und beginnt. »Schau in dein Herz und schreib«, sagt Philip Sidneys Muse zu dem Dichter – wie allzu munter dieses alte Gebot unseren modernen Ohren klingt! In diesem Herzen gibt es keinen verrotteten Kram- und Plunderladen. Es ist nicht das Herz der Finsternis.

Those masterful images ... Die Bilder, meisterhaft, weil ganz gefüllt,/ Entwuchsen reinem Geist, doch wie beganns?/ Ein Haufen Unrat, der in Gossen quillt,/ Ein alter Kessel, Flaschen, Scherben, Kram,/ Gerümpel, Knochen und die Schlampe wild/ Am Kassentisch. Meine Leiter, sie verkam,/ Nun muß ich da, woraus die Leitern stiegen,/ In Lumpensammlerstank des Herzens liegen. (Übers. W. Vordtriede.)

Ehe jedoch das Authentische auftrat, um uns auf die Schwäche der Aufrichtigkeit hinzuweisen, und in unserer Achtung ihren Platz einnahm, stand die Aufrichtigkeit hoch am kulturellen Firmament und beherrschte die Vorstellung der Menschen von dem, wie sie sein sollten.

3.

Das englische Wort *sincerity*, Aufrichtigkeit, taucht nicht vor dem ersten Drittel des sechzehnten Jahrhunderts auf, sehr viel später als das entsprechende französische Wort.* *Sincerity* ist vom lateinischen *sincerus* abgeleitet und bedeutete zunächst dasselbe wie das lateinische Wort in seinem wörtlichen Gebrauch: rein, unvermischt, echt. Eine alte, fiktive Etymologie, *sine cera*, ohne Wachs, meinte einen kostbaren Gegenstand, der nicht zusammengestückt war und als fehlerlos angesehen wurde. Das erinnert uns daran, daß das Wort in seinem älteren Gebrauch nicht Personen bezeichnete, sondern materielle wie immaterielle Gegenstände. Man nannte einen Wein *sincere*, und zwar nicht im metaphorischen Sinne, wie man heute einen Gegenstand beschreibt, indem man ihm eine moralische Eigenschaft zuweist, sondern um damit auszudrücken, daß er nicht gepanscht war. In der ärztlichen Sprache bezeichnete man Urin als *sincere* und ebenso gebrauchte man das Wort für ›schieres‹ Fett und reine Galle. Nannte man eine Lehre, die Religion oder das Evangelium, *sincere*, so meinte man damit, daß sie nicht entstellt, verfälscht oder verdorben waren. In Dr. Johnsons *Dictionary* wird *sincere* vor allem auf Dinge und nicht so sehr auf Personen angewandt. Personen wurden im frühen sechzehnten Jahrhundert nur metaphorisch so genannt: das Leben eines Menschen ist *sincere* im Sinne von unverdorben, rein, ein Ganzes und konsequent in seiner Rechtschaffenheit. Bald jedoch begann *sincere* die Abwesenheit von Verstellung, Heuchelei und Trug zu bedeuten. Bei Shakespeare kommt es nur in diesem Sinne vor, offenbar ohne daß er sich dessen bewußt ist, daß es einmal metaphorisch gebraucht wurde.

Verstellung, Heuchelei und Trug beschäftigten das sechzehnte Jahr-

* Im *Oxford English Dictionary* wird das französische Wort 1549 zuerst nachgewiesen, doch dem widerspricht Paul Robert, *Dictionnaire alphabétique et analogique de la langue française* (1960–64), wo *sincère* für das Jahr 1475 und *sincérité* 1237 belegt ist. Frédéric Godefroy: *Dictionnaire de l'ancienne langue française et de tous ses dialectes du IXe au XVe siècles* (1892) verzeichnet das Wort nicht.

hundert außerordentlich. Dante hatte diejenigen, die nicht wie der Löwe handelten, sondern wie der Fuchs, in den vorletzten Kreis der Hölle versetzt, doch Machiavelli urteilte, zumindest für das öffentliche Leben, umgekehrt, als er dem Fürsten die Handlungsweise des Fuchses empfahl. Das faszinierte das literarische Bewußtsein des elisabethanischen England, und so wurde Machiavelli, wie Wyndham Lewis es ausdrückt, zur Leitfigur des Dramas jener Zeit. Die Faszination durch den Gedanken Machiavellis vermag jedoch nicht zu erklären, warum jenes Drama der falschen Darstellung des Selbst so viel abzugewinnen wußte. »Ich bin nicht, was ich bin« – das kann nicht nur Jago gesagt haben, sondern ebenso eine ganze Reihe der tugendhaften Charaktere Shakespeares an dem einen oder anderen Punkt ihres Weges. Kaum hat Hamlet den Geist angehört, da entschließt er sich schon, zu sein, was er nicht ist – ein Wahnsinniger. Rosalind ist kein Knabe, Portia kein Doktor der Rechte, Julia kein Leichnam, Herzog Vincentio kein Klosterbruder, Edgar nicht Tom o'Bedlam und Hermione ist weder tot noch eine Statue. Helena ist nicht Diana, Mariana nicht Isabella – daß der alte Kunstgriff, mit dem eine Frau sich in einer Liebesnacht als eine andere ausgibt, vom elisabethanischen Publikum so bereitwillig geglaubt wurde, weist darauf hin, wie sehr es von der Idee der Darstellung besessen war.

Obwohl unschuldige Verstellung ihre eigene Anziehungskraft hat, ist es doch die Verstellung im Dienst des Bösen, die die moralische Aufmerksamkeit am stärksten auf sich zieht. Das Wort *villain,* Schurke, wie es im Drama verstanden wird, bedeutet nicht notwendig zugleich Verstellung – es ist durchaus denkbar, daß ein Schurke seine Schlechtigkeit nicht durch Täuschung verhehlt, sondern offen seine Absicht, Böses zu tun, zu erkennen gibt. Die Tatsache jedoch, daß in den Personenverzeichnissen der ersten Folioausgabe einzig Jago als *a villain* bezeichnet wird, legt den Gedanken nahe, daß ein *villain* in seiner typischen Ausprägung ein Heuchler ist, dessen böse Natur für das Publikum offensichtlich ist, aber denen, mit denen er auf der Bühne steht, verhüllt bleibt.

In diesem Sinne hat sich die Auffassung des Schurken bis in die viktorianische Zeit gehalten. Ein Merkmal der Literatur der nachviktorianischen Zeit ist die Entdeckung, daß Schurken nicht, wie es hieß, »lebenswahr« sind und daß der Glaube an ihre Existenz naiv ist. Die Auffassung setzte sich durch, daß die Menschen eine »Mischung aus Gut und Böse« seien und daß das Böse meistens auf die »Umstände«

zurückgeführt werden konnte. Die nachlassende Glaubwürdigkeit des Schurken und die Meinung, er passe nur in die ausgedachte Welt des Melodramas und nicht zur Wahrheit ernster Romane und Stücke, läßt sich zum Teil aus der modernen Neigung erklären, das Böse eher in sozialen Systemen als in Personen zu suchen. Man sollte jedoch auch die Möglichkeit ins Auge fassen, daß die Verstellung, die den Schurken definierte, den neuen gesellschaftlichen Verhältnissen weniger entsprach als den ihnen vorhergehenden. Vielleicht sollte man den Schurken nicht bloß als eine Bühnenkonvention betrachten, die eine Zeitlang auch vom Roman übernommen wurde. Es spricht einiges dafür, daß der Schurke früher einmal lebenswahrer gewesen ist, als er es später wurde. Zwar läßt es sich nicht zahlenmäßig belegen, daß es zu einer Zeit mehr Schurken gab als zu einer anderen, doch kann man sagen, daß es für die Verstellung des Schurken zu einer Zeit mehr Gründe gab und daß sie mehr praktischen Nutzen brachte als zu einer anderen. Tartuffe, Blifil, die *cousine* Bette, Mme Marneffe, Uriah Heep, Blandois und Becky Sharp – diese Wölfe im Schafspelz sind keine Phantasiegestalten, und man würde sie falsch verstehen, wenn man das dächte. Die Möglichkeit ihrer wirklichen Existenz ist durch die sozialen Tatsachen verbürgt.

Es ist eine historische Binsenwahrheit, daß die soziale Mobilität vom sechzehnten Jahrhundert an, besonders in England, aber auch in Frankreich, entschieden zunimmt. Mehr und mehr wurde es möglich, die Klasse, in die man geboren war, zu verlassen. Der Mittelstand wuchs nicht nur in der gewohnten Weise, sondern erlebte einen beispiellosen Zuwachs. So auffallend die neue soziale Mobilität im Vergleich zu der der Vergangenheit auch war, von unserem gegenwärtigen Standpunkt aus gesehen muß sie trotzdem als den neuen sozialen Bedürfnissen, die sich herausgebildet hatten, äußerst unangemessen erscheinen. Es gilt hier Tocquevilles Prinzip der Revolutionen, wonach in dem Maße, in dem die sozialen Bedürfnisse erfüllt werden können, die Ungeduld gegenüber den Hindernissen, die sich ihrer Befriedigung in den Weg stellen, wächst. Wie mächtig diese Hindernisse waren, läßt sich aus jedem guten englischen oder französischen Roman des neunzehnten Jahrhunderts entnehmen. Tocqueville hat die Franzosen nachdrücklich darauf hingewiesen, wie sehr England durch die Aufstiegschancen, die sein sehr zweckdienliches Ideal des »Gentleman« gewährte, an politischer Stabilität gewonnen hatte. Es läßt sich aber nicht übersehen, wie begrenzt diese Mobilität in Wirklichkeit war und wie rasch die Gentlemanklasse die sozialen Stigmata bemerkte, die die Zugehörigkeit zu ihr verwehrten. Auffallend ist, wie wenige angesehene Berufe es in der englischen und französischen Gesellschaft bis vor hundert Jahren gab, die dem Ehrgeizigen den Weg des sozialen Aufstiegs ermöglichten. Zu einer so restriktiven Gesellschaft müssen Intrigen und Machenschaften gehören, und den Willen zu stählen oder zu brechen, ist eine selbstverständliche Form ökonomischen Handelns. Das System gesellschaftlicher Über- und Unterordnung war immer noch so starr, daß es die Schmeichelei als ein Mittel, sich Gunst zu verschaffen und voranzukommen, fördern mußte. Die ursprüngliche soziale Bedeutung des Wortes *villain* ist für seine spätere moralische Bedeutung prägend geblieben. Dieser verächtliche Ausdruck bezeichnete ursprünglich jemanden, der auf der niedersten Stufe der Rangordnung der Feudalgesellschaft stand, und es ist bezeichnend, daß der Schurke im Drama oder im Roman in der Regel eine Person ist, die sich über ihren angestammten Platz zu erheben sucht. Der Schurke ist nicht, was er ist: einerseits, weil sein Streben seine soziale Identität verneint und in Frage stellt, und zum anderen, weil er seine unnatürlichen Absichten nur arglistig und mit verdeckten Karten durchführen kann. Von der Natur der Sache her ist er ein Heuchler, das heißt einer, der eine Rolle spielt. Jagos Groll gegen seine Klassenlage und sein Wunsch, sie zu verbessern, sind ein hervorstechendes Merkmal seines Charakters.

Der heuchlerische Schurke, der sich bewußt verstellt, ist dem modernen moralischen Vorstellen fremd und zu einer Randexistenz geworden. Die Situation, in der eine Person sich systematisch verstellt, um sich die Gutgläubigkeit anderer zunutze zu machen, zieht unser Interesse nicht ohne weiteres auf sich und erscheint uns wenig glaubwürdig. Die Täuschung, die wir am ehesten verstehen und der wir am bereitwilligsten unsere Aufmerksamkeit schenken, ist die Selbsttäuschung. Jagos ausdrückliche Absicht boshafter Doppelzüngigkeit fasziniert uns nicht mehr so wie das Publikum des neunzehnten Jahrhunderts. Unsere Neugierde richtet sich eher auf Othellos Moral, auf das, was sich unter seinem Stolz verbirgt und von seiner heroischen *persona* verdeckt wird. Ebenso interessiert uns Tartuffe, der bewußt und eingestandenermaßen heuchelt, weniger als die Hauptfigur des *Misanthrope*, der, wie Molière zu verstehen gibt, trotz seiner programmatischen rückhaltlosen Aufrichtigkeit nicht ganz ist, was er ist. »Mein größtes Talent ist, offen und aufrichtig zu sein«, sagt Alceste. Die ganze Kraft seines Wesens richtet sich darauf, den Zug zu verstärken, auf den er sich etwas zugute hält, *»... dont son âme se pique«:* das macht seine Komik aus. Jede der lächerlichen Personen des Stückes hat ihren Stolz. Oronte legt ihn in seine Sonette, Clitandre in seine Kleidung, Acaste in sein edles Blut, seinen Reichtum und seinen nie versiegenden Charme. Alcestes ganzer Stolz ist seine Aufrichtigkeit, sein unerschütterliches Eintreten für die Wahrheit. Seine Aufrichtigkeit ist obsessiv und unnachgiebig bis zur *hybris*, bis zu dem Punkt, an dem die Wahrheit dadurch verdunkelt wird, daß der selbstbezogene Wille die Vernunft überwältigt. Alceste hat sich seinem Willen und nicht, wie er sich einredet, der Wahrheit verschrieben.

Das Lachen über menschliche Schwäche war nie von mehr Gewissensbissen und Rührung begleitet als jenes, das Molière auf die Selbsttäuschung der Aufrichtigkeit Alcestes lenkt. Rousseau scheint dies in seiner berühmten Abrechnung mit dem *Misanthrope* in der *Lettre à M. d'Alembert sur les spectacles* nicht gespürt zu haben. Nicht daß Rousseau in seinem Angriff nicht selbst Gewissensbisse und Rührung empfunden hätte – er sprach mehr aus Kummer als aus Zorn und geißelte, was er liebte, denn er verehrte Molière, und trotz aller Einwände gegen das Stück bewunderte er vor allem den *Misanthrope*. Wir dürfen annehmen, daß er darin sein eigenes Bild erkannte, und sein Streit mit Molière entspringt daraus, daß die radikale moralische Unbedingtheit Alcestes nicht gerühmt, sondern in Frage gestellt und lächerlich gemacht wird. Nach Rousseaus Meinung beabsichtigte Molière in seinen Komödien nicht, das Muster eines guten Menschen vorzustellen, sondern eher das eines Weltmannes, eines liebenswürdigen Menschen. Er wollte nicht das Laster bessern, sondern nur das, was lächerlich ist, und das Lächerliche, das »die Welt am wenigsten verzeiht«, ist »das Lächerliche der Tugend«. Der *Misanthrope*, fährt Rousseau fort, wurde geschrieben, um »verdorbenen Geistern zu gefallen«, das Stück predigt »ein falsches Gutes …, das noch gefährlicher ist als das Böse selber«, weil es lehrt, »sich an die Grundsätze der Welt statt an die strenge Redlichkeit zu halten«, und »weil es die Weisheit in der Mitte zwischen Laster und Tugend ansiedelt«. [11]

Dies ist eine Lesart des Stückes, an der niemand vorübergehen kann. Sie stimmt mit der gängigen Auffassung vom Moralprinzip der Komödien Molières überein, wonach richtiges Verhalten ein starkes Element pragmatischer Anpassung an die Mängel und Widersprüchlichkeiten der Gesellschaft einschließt. Diese Deutung bedarf jedoch noch einer Ergänzung, die der Beobachtung Rechnung trägt, daß die Gefühle und Meinungen Alcestes denen Molières entsprechen, daß die milde Verständigkeit seines treuen Freundes Philinte nicht wirklich das letzte Wort behält und daß Célimène nicht nur all das ist, was George Meredith als ihren Charme und ihre Vitalität beschrieben hat, sondern auch ein aufgeputztes Grabmonument und damit eine Allegorie der Gesellschaft selbst.

Da wir im Augenblick nur einen wesentlichen Umstand klarstellen wollen, der mit der Entstehung und wachsenden Bedeutung der Aufrichtigkeit zusammenhängt, spielt es keine Rolle, welche der beiden Lesarten mehr für sich hat, da die eine ebenso nachdrücklich wie die andere den Begriff der *Gesellschaft* in den Mittelpunkt des Stückes rückt. Es beschäftigt und quält Alceste nicht so sehr, daß in seiner unmittelbaren Umgebung erst einer, dann ein zweiter, dann noch einer und schließlich fast alle aus Eitelkeit oder um materieller Vorteile willen etwas äußern, das nicht mit dem, was sie fühlen oder glauben, übereinstimmt, sondern eher, daß das menschliche Leben in einer entwickelten Gesellschaft unvermeidlich die Wahrheit korrumpieren muß. Wenn sich Alceste am Ende in die Einsamkeit zurückzieht, dann nicht nur aus persönlicher Enttäuschung, weil die bezaubernde Célimène ihn abgewiesen hat, sondern aus Überdruß an der Gesellschaft, deren Wesen durch das Wesen der Einzelnen, aus denen sie besteht, nicht hinreichend definiert werden kann.

Raymond Williams untersucht in seinem Buch *Culture and Society* [12] einige Worte, die eine zentrale Bedeutung in unserer heutigen Sprache haben und in ihrem heutigen Sinne in den letzten Jahrzehnten des achtzehnten und in der ersten Hälfte des neunzehnten Jahrhunderts in Gebrauch gekommen sind: Industrie, Demokratie, Klasse, Kunst und Kultur. Diese Worte haben die Art und Weise, wie wir über die Gesellschaft nachdenken, geprägt. Auch das Wort »Gesellschaft« gehört in diese Reihe, obwohl Raymond Williams es nicht behandelt. In seinem heutigen Sinne ist es älter als die übrigen Begriffe, kam aber auch in einem genau umgrenzten Zeitraum – im sechzehnten Jahrhundert – in Gebrauch. Nicht nur läßt sich beobachten, wie es immer mehr in Umlauf kommt, sondern auch, wie es sein Bedeutungsfeld immer mehr erweitert. Gesellschaft ist ein Begriff, der zu Hypostasierungen verführt – was man über Gesellschaft sagt, erweckt leicht den Eindruck, als habe sie ein Eigenleben und unterliege eigenen Gesetzen. Obgleich die Gesellschaft ein Aggregat von einzelnen Menschen ist, ist sie auch noch etwas anderes, etwas nicht Menschliches. Denkt man sie in dieser Weise als etwas, das wirklich ein Eigenleben, und zwar ein nichtmenschliches, hat, so entsteht das Bedürfnis, sie mit dem Menschlichen in Einklang zu bringen. Gesellschaft bedeutet etwas wesentlich anderes als Königreich oder Reich, und selbst das Wort *»commonwealth«* in dem Sinne, wie Hobbes es verwendet, wirkt als eine archaische Bezeichnung für das, was Hobbes meint.

Europäische Kulturhistoriker stimmen im wesentlichen darin überein, daß sich im späten sechzehnten und frühen siebzehnten Jahrhundert so etwas wie eine Mutation der menschlichen Natur ereignet hat. Frances Yates spricht von den »tiefreichenden inneren Veränderungen der Psyche, die sich im frühen siebzehnten Jahrhundert vollziehen«, in der »für die Entstehung des modernen Europäers und Amerikaners entscheidenden Periode«. Am dramatischsten hat sich dieser Wandel in England abgespielt. Zevedei Barbu beschreibt ihn als die »Bildung eines neuen Persönlichkeitstyps, der die Hauptzüge des englischen Nationalcharakters der ganzen modernen Epoche in sich schließt«. [14] Paul Delany bemerkt in seiner Untersuchung über die plötzliche Blüte der Autobiographie in dieser Zeit »einen tiefgreifenden Wandel der britischen Denkgewohnheiten«, der die Entwicklung dieser neuen literarischen Gattung erkläre. [15] Als öffentliche Vorgänge, die – gleichermaßen, wie ich betonen möchte, als Ursache und als Wirkung – mit diesen psychischen Veränderungen zusammenhängen, sind die Auflösung der Feudalordnung und der Autoritätsschwund der Kirche zu nennen. Dieser ganze vielschichtige psychohistorische Vorgang läßt sich so zusammenfassen, daß damals die Idee der Gesellschaft in dem uns vertrauten Sinne entstanden ist.

Der Niedergang des Feudalismus ist auf die bereits erwähnte beispiellose soziale Mobilität und die, wie nicht anders zu erwarten, damit verbundene zunehmende Verstädterung des Lebens zurückzuführen. Im Jahre 1550 hatte London rund 60000 Einwohner, deren Zahl sich innerhalb eines Jahrhunderts um das Sechsfache auf 355000 vermehrte. Die Literatur hat diese Lebensverhältnisse fast immer beklagt, und viele Generationen lang hat das gebildete Bürgertum bezeichnenderweise die moralischen und geistigen Auswirkungen der Umstände, denen es seine Existenz und seinen Namen verdankte, abgelehnt. Seine Anschauung von einem guten Leben war, soweit überhaupt kritisch und polemisch, weitgehend von der alten ländlichen Lebensform geprägt. Karl Marx jedoch pries die Stadt, weil sie einen Ausweg aus dem »Idiotismus des Landlebens« [16] bot. Zweifellos hatte er die ursprüngliche Bedeutung von »Idiot« im Sinn, die nicht einen geistig minderbemittelten oder ungehobelten und unwissenden Menschen meint, sondern einen Einzelnen, »der kein öffentliches Amt innehat« – eine Person, die nicht an der Gesellschaft, wie Marx sie verstand, teilnimmt. Die Entfaltung des historischen Prozesses und damit das wesentliche Leben des Menschen hielt Marx nur in den Städten für möglich, wo die Klassen einander gegenübertreten und die Menschen in der Masse ihre Natur und Bestimmung erweisen. Im Menschenschwarm in den Städten – »Schwärmerei«, wie Carlyle es in Anspielung sowohl auf die konkrete wie auf die emotionale Bedeutung des deutschen Wortes verachtungsvoll nannte – drängte sich die Gesellschaft den Sinnen geradezu auf. Ehe Gesellschaft ein Begriff war, über den man nachdenken konnte, war sie etwas, was man sehen und hören konnte.*

Die Gesellschaft wurde gesehen, gehört und zum Gegenstand des Nachdenkens von Menschen, die sich von den Sanktionen der kirchlichen Körperschaft freigemacht hatten. Aussagen über die Gesellschaft und darüber, wie sie geordnet und kontrolliert werden sollte, fielen den kalvinistischen Geistlichen Englands ebenso leicht wie Aussagen über Gott und die göttliche Weltordnung. Michael Walzer hat darauf hingewiesen, daß diese kalvinistischen Führer das »erste Beispiel ›fortschrittlicher‹ Intellektueller in einer traditionalen Gesellschaft« sind. [17] Sein Buch *The Revolution of the Saints* hat den vielsagenden Untertitel: »Eine Untersuchung über die Ursprünge radikaler Politik«, einer Politik, deren Parteigängerschaft nicht auf fest umrissene praktische Probleme gegründet war, sondern auf einer ausformulierten Idee von dem, was die Gesellschaft ist, und einer prophetischen Anschauung dessen, was sie sein soll. Diese Geistlichen waren Intellektuelle, weil sie

* Peter Laslett betont, »wie winzig das Leben, wie klein die menschlichen Gruppen waren, ehe die Industrie aufkam«. Siehe *The World We Have Lost: England Before the Industrial Age* (New York und London, 1965), S. 51, auch S. 9–11 und S. 74. Der Gottesdienst, bemerkt Laslett, war der Ort, wo sich am ehesten die Menschen in Gruppen versammelten, die größer waren als ein Haushalt. Außerdem erwähnt er die Ratsversammlungen in den Grafschaftsstädten, die Stadtteilsitzungen der grafschaftlichen Gerichtsbarkeit, die Zusammenkünfte der Handwerksvereine, die Versammlungen des Klerus und der nonkonformistischen Geistlichen, die Markttage, die Universitäten, die Armee und das Parlament. Er meint, daß alle diese Gruppen klein waren im Vergleich zu denen, die die moderne Massengesellschaft charakterisieren und die erst um die Mitte und gegen Ende des achtzehnten Jahrhunderts mit dem Fabrikwesen entstanden sind. Es sollte aber nicht übersehen werden, daß die Theater am Ende des sechzehnten Jahrhunderts eine ansehnliche Zahl von Menschen versammelten – die Vorstellungen im Globetheater (1598) und im Fortunetheater (1600) hatten in der Regel etwa tausend Zuschauer, und man nimmt an, daß beide Theater mehr als zweitausend Plätze besaßen.

auf das Wort angewiesen und entschlossen waren, es klar und für jedermann verständlich auszusprechen. Wie Molières Alceste glaubten sie, die Gesellschaft sei durch falsche Bekenntnisse korrumpiert, und wie er hielten sie sich vor allem auf ihre Gabe der Aufrichtigkeit etwas zugute und sagten allen, die es nicht hören wollten, die verletzende Wahrheit.

Das offene Wort war an der Tagesordnung. Wie neu und wie bemerkenswert dies in seiner ungestümen Neuheit war, kann man an einer Episode im vierten Buch von Castigliones *Libro del Cortegiano* ermessen. An dieser Stelle der Dialoge ist der Charakter des idealen Hofmanns, des Musters der Vollkommenheit, bereits vollständig geschildert. Es ist bereits alles geltend gemacht, was ihn aufgrund seiner edlen Geburt, seiner Studien und seiner Bemühungen um die Schönheit auszeichnet. Nachdem über so vieles Einigkeit erzielt worden ist, stellt nun einer aus der Gesellschaft, Signor Ottaviano, die beunruhigende Frage, ob das ganze Vorhaben, ein vollkommenes Selbst zu schaffen, so, wie man ein Kunstwerk schafft, überhaupt ernstgenommen werden könne. Ist nicht die vollendete Anmut, dieser ganze Reiz, fragt Ottaviano, nichts anderes als Frivolität und Eitelkeit, ist dies alles nicht gar unmännlich? Die Bemühung, diese Anmut und diesen Reiz zu erlangen, meint er, ist nur dann lobenswert, wenn sie einem wirklichen Guten und einem ernsten Zweck dient. Doch dann entdeckt Ottaviano selbst, daß es einen solchen Zweck gibt. Der vollkommene Hofmann wird auf seinen Fürsten so anziehend wirken, daß er nicht befürchten muß, in Ungnade zu fallen, wenn er offen – oder nahezu offen – spricht und dem Fürsten »auf höfliche Weise« sagt, in welcher Hinsicht seine Art, die Geschäfte zu führen, nicht dem entspricht, wie es sein sollte. [18] In Italien im Jahre 1518 konnte man dem Souverän gegenüber nur dann offen sprechen, wenn man seine Anmut und seinen Reiz in einer vollkommenen Weise ausgebildet hatte. In England ein Jahrhundert später war, um offen sprechen zu können, nichts anderes erforderlich als die Überzeugung, daß man etwas zu sagen hatte. Ohne zu weit gehen zu wollen, scheint es mir für die sich entwickelnde politische Kultur der Zeit bedeutungsvoll, daß Shakespeare in seinem heute vielfach am meisten bewunderten Stück so viel Aufhebens von der Freimütigkeit im Reden macht und das Thema so vielfältig variiert: Cordelia, die von Natur die vollkommene Höflichkeit ist, Kent, dessen Haltung die Disziplin des Castiglioneschen Hofmannes geradezu verneint, der Narr und der erstaunliche Bauer Cornwalls – eine gesegnete Hierarchie von frei heraus redenden Engländern!

In England hatte der Souverän sein Wesen natürlich verändert. Wenn die kalvinistischen Geistlichen dem souveränen Fürsten gegenüber ein offenes Wort sprachen, dann leiteten sie ihre moralische und intellektuelle Autorität aus ihrer Beziehung zum göttlichen Wort her, aber auch daraus, daß sie sich des souveränen Volks bewußt waren, an das sie ihre Reden über die Gesellschaft richteten und das das offen ausgesprochene Wort anzunehmen bereit war. Für ihr Vertrauen auf das Wort gab es sowohl eine äußere wie eine innere Sanktion.

Die innere Sanktion konnte zwar niemals bewiesen werden, doch ließ sich ihre Wahrscheinlichkeit glaubhaft machen. Wenn man öffentlich als Einzelner über große Fragen sprach, dann besaß man nichts als die Autorität der Wahrheit der eigenen Erfahrung und der Eindringlichkeit, mit der man von seiner Erleuchtung überzeugt war – dies, ebenso wie der Tonfall der Aufrichtigkeit, konnte ohne weiteres erkannt werden. Insofern ist es nicht überraschend, daß damals in England die Autobiographie entstand. Nach den Beobachtungen Delanys ist diese Literaturgattung zwar keineswegs ausschließlich, doch überwiegend protestantisch. Ihre frühesten Beispiele sind noch ganz unausgebildet, es sind vor allem karge Aufzeichnungen von Ereignissen der religiösen Erfahrung. Immer mehr aber drängt die Form zu einer eindringlichen Prüfung des inneren Lebens, und es ist ihr Ziel, den Leser zu der Schlußfolgerung zu bringen, daß der Schreibende zu keinem Menschen in irgendeiner Hinsicht falsch zu sein vermochte, weil er sich selbst gegenüber, so wie er war und ist, wahrhaftig gewesen ist. [23] Gewiß stehen Rousseaus *Bekenntnisse* auf einer anderen Stufe der Vollendung als diese ersten englischen Autobiographien, aber sie hängen mit ihnen zusammen. Die *Bekenntnisse* waren kein undurchdachtes Unternehmen, sondern vielmehr die minutiöse Demonstration der Autorität ihres Verfassers, offen zu sprechen und jeden Aspekt der Gesellschaft zu behandeln. Jeder, der für die Ideen Rousseaus empfänglich ist, muß sich die Frage stellen, ob sie eine vergleichbare Wirkung auf ihn gehabt hätten, wenn hinter ihnen nicht die *Bekenntnisse* stünden. Die Person, die in diesem großen Buch geschildert wird, mag uns abstoßen, aber der Verfasser der *Abhandlungen* hat um so mehr Gewalt über uns, weil die *Bekenntnisse* von ihm handeln. Er ist der Mann; er litt; er war da.

Der psychische Wandlungsprozeß, auf den die Historiker uns aufmerksam machen, läßt sich geradezu durch den Impuls definieren, autobiographisch zu schreiben. Obwohl man sich fast scheut, es zu sagen, weil es schon so oft gesagt wurde und es der erste psychohistorische Begriff ist, der sich uns eingeprägt hat, den wir überhaupt gelernt haben – es bedeutet nichts anderes, als daß die neue Art Persönlichkeit, die damit auftritt, das ist, was wir ein »Individuum« nennen. An einem bestimmten Punkt der Geschichte sind die Menschen zu Individuen geworden.

Isoliert genommen ist diese Behauptung unsinnig. Wie sah ein Mensch aus, der kein Individuum war? Sollte eine Person, ein Mensch, der vor einem bestimmten Zeitpunkt geboren worden war, keine Augen haben? Hatte er keine Hände, Organe, Sinne, Gefühle und Leidenschaften? Stach man ihn, so blutete er, kitzelte man ihn, so lachte er. Doch es gab einiges, was er nicht besaß oder tat, bevor er ein Individuum war. Er hatte kein Bewußtsein von dem, was der Historiker Georges Gusdorf als inneren Raum bezeichnet. [20] Er dachte sich selbst nicht, wie Delany es formuliert, in mehr als einer Rolle, so als stünde er außerhalb oder über seiner eigenen Person. Er glaubte nicht, daß er das Interesse seiner Mitmenschen einfach deswegen auf sich ziehen könnte, weil er ein bedeutendes Individuum war, und nicht, weil er etwas Bemerkenswertes geleistet hatte oder Zeuge großer Ereignisse gewesen war. [21] Wenn der Mensch Individuum wird, beginnt er mehr und mehr in privaten Räumen zu leben, wobei die Historiker keine Auskunft darüber geben, ob die Privatheit die Individualität hervorbringt oder die Individualität die Privatheit voraussetzt.* Das Individuum blickt in Spiegel, die größer und viel heller sind als die, die man früher der Obrigkeit vorgehalten hatte. Der französische Psychoanalytiker Jacques Lacan meint, daß die Entwicklung des *»Je«* durch die Spiegelherstellung gefördert wurde, und auch hier läßt sich nicht entscheiden, ob die Überzeugung des Menschen, ein *»Je«* zu sein, sich herausbilden konnte, weil die venezianischen Handwerker gelernt hatten, wie man Spiegelglas herstellt, oder ob umgekehrt das Bedürfnis nach Spiegeln diese technische Neuerung angeregt hat. Wenn es ein Künstler ist, wird das Individuum wahrscheinlich Selbstbildnisse malen, und wenn es ein

* Siehe Christopher Hill, *The Century of Revolution. 1603–1741* (London, New York, 1961), S. 253: »Alle Wege in der von uns betrachteten Periode haben zum Individualismus geführt. Mehr Zimmer in besser ausgestatteten Bauernhäusern, die Verwendung von Fensterglas (das Aubrey zufolge bei den unfreien Bauern und den einfachen armen Leuten erst nach dem Bürgerkrieg in Gebrauch kam), die Benutzung von Kohle im Rost, die Ersetzung der Bank durch Stühle – all dies ermöglichte zumindest der oberen Bevölkerungsschicht eine größere Bequemlichkeit und Privatheit. Die Privatheit förderte die Introspektion und die Seelenerforschung des Puritanismus, bis hin zu den Tagebüchern und den geistlichen Aufzeichnungen ...« Christopher Hill bezieht sich auf die Periode von 1660 bis 1680, nach der Niederlage des Puritanismus.

Rembrandt ist, wohl einige Dutzend davon. [23] Es beginnt, das Wort »selbst« nicht mehr nur als Reflexivum oder Intensivum zu gebrauchen, sondern als ein autonomes Substantiv, das sich (laut *Oxford English Dictionary*) »auf das an einer Person bezieht, was wirklich und eigentlich *sie* (im Unterschied zu allem Zufälligen an ihr) ist«, das, was es um seiner selbst willen schätzen und der Welt zeigen muß, um glaubwürdig zu sein. Ein solches Selbst, das sich in seiner ganzen Wahrheit offenbaren will, entschlossen, seine Aufrichtigkeit zu erweisen, ist der Gegenstand der Autobiographie. Seine Auffassung von seiner privaten, einzig interessanten Individualität, sowie sein Impuls, sein Selbst zu offenbaren und was an ihm Bewunderung und Vertrauen verdient vorzuweisen, sind unserer Ansicht nach eine Antwort auf die neuartige Empfänglichkeit jenes von der Gesellschaft geschaffenen Publikums.

II.
Das ehrliche und das zerrissene Bewußtsein

1.

Unsere Untersuchung der Aufrichtigkeit hatte kaum begonnen, da waren wir auch schon bei öffentlichen und sogar politischen Fragen. Das ist, wenn überhaupt, nur auf den ersten Blick erstaunlich. Wenn wir über Aufrichtigkeit nachdenken, dann verstehen wir darunter zunächst etwas, das zum persönlichen und privaten Leben gehört und die Beziehung des Einzelnen zu sich selbst und zu anderen als Einzelnen betrifft. Doch das intensive Interesse an Aufrichtigkeit, das einige der europäischen Nationalkulturen am Beginn der Moderne kennzeichnet, dürfte im Zusammenhang mit einem großen öffentlichen Vorgang entstanden sein, mit einer tiefgreifenden Veränderung der Form des Zusammenlebens, die zu dem führte, was wir heute unter Gesellschaft verstehen. Ein hervorstechendes Merkmal von Gesellschaft im Unterschied zu Reich, Königtum oder auch *Commonwealth* ist, daß sie, wie ich bereits angedeutet habe, der kritischen Prüfung durch Einzelne zugänglich ist, besonders durch jene Klasse von Menschen, die sich die Beobachtung der Gesellschaft zur Aufgabe machen und die wir heute als Intellektuelle bezeichnen. Ihnen geht es bei ihren Beobachtungen nicht nur darum, zu begreifen, sondern sie wollen dadurch zum Handeln anleiten: die Idee der Gesellschaft beruht auf der Voraussetzung, daß eine gegebene Gesellschaft verändert werden kann, wenn sie der Beurteilung nicht standhält. Das Ideal der Aufrichtigkeit spielt bei der Bildung solcher Urteile eine wesentliche Rolle. In dreifacher Hinsicht dient es als Kriterium: 1. Für die Aufrichtigkeit der Person, die das Urteil fällt; sie muß über jeden Zweifel erhaben und vollkommen offensichtlich sein. 2. Für den Grad der Übereinstimmung zwischen den Prinzipien, zu denen eine

Gesellschaft sich bekennt, und ihrem wirklichen Verhalten. 3. Für das Maß, in dem eine Gesellschaft die Aufrichtigkeit ihrer Bürger fördert oder korrumpiert.

Diese letzte Erwägung ist Thema eines Werkes, das in der Geschichte des Ideals der Aufrichtigkeit immer einen besonderen Platz einnehmen wird: Diderots großer Dialog mit dem nichtsnutzigen Neffen des Komponisten Rameau. Das Datum der Niederschrift des *Neveu de Rameau* ist ungewiß, es liegt in der Zeit zwischen 1761 und 1774, und aus Gründen der Diskretion wurde der Dialog zu Lebzeiten seines Verfassers nicht veröffentlicht. Er fand sich unter den Büchern und Manuskripten, die Diderot an seine Gönnerin Katharina d. Gr. verkauft hatte, wurde heimlich kopiert und gelangte 1803 nach Deutschland. Schiller erkannte gleich, als er das Manuskript zu sehen bekam, seine Genialität und gab es sofort an Goethe weiter, der von dem Dialog so begeistert war, daß er augenblicklich eine Übersetzung anfertigte. Um den Text mit Anmerkungen zu versehen, stürzte er sich in die Lektüre der französischen Literatur des achtzehnten Jahrhunderts, um schließlich sein berühmtes absprechendes Urteil über den französischen Geist zu widerrufen, das er in seinen Studentenjahren in Straßburg geäußert hatte. Goethes Übersetzung, deren Fortgang Schiller in seinen letzten Lebensmonaten mit größter Aufmerksamkeit verfolgte, erschien 1805. In dieser Fassung zitierte Hegel den Dialog in seiner *Phänomenologie des Geistes* als ein Werk von herausragender Bedeutung und als Paradigma der modernen kulturellen und geistigen Situation. Ein Stück aus Hegels Kommentar, auf den ich jetzt eingehen will, wird von Karl Marx 1869 in einem Brief an Engels zitiert, wo es heißt, daß er gerade bemerke, zwei Exemplare von *Rameaus Neffe* zu besitzen, und eines davon seinem Freund in Manchester schicke, weil dieses »einzigartige Meisterwerk« ihm »von neuem Genuß gewähren« werde. [24] Freud hat den Dialog mit um so größerer Bewunderung gelesen, als die für ihn einprägsamste Stelle, die er dreimal zitiert, seine Ödipustheorie mit unerschrockener Schlichtheit formuliert: »Wäre der kleine Wilde [will sagen, jeder Junge] sich selbst überlassen, bewahrte er seine ganze Einfältigkeit und vereinigte die geringe Vernunft des Kindes in der Wiege mit der Gewalt der Leidenschaften eines Mannes von dreißig Jahren, er würde seinem Vater den Hals umdrehen und mit seiner Mutter schlafen.« [25]

Es ist kaum möglich, den Helden des Dialogs in einer Weise zu beschreiben, die zugleich erschöpfend und genau wäre. Die Besonderheit seines Charakters liegt ja gerade in seinen Widersprüchen. Weil der jüngere Rameau die Tabus respektvoller Zurückhaltung verletzt und, zumindest in seinen Gesprächen mit Diderot im Café de la Régence, alle seine Begierden bloßlegt, sind wir versucht, ihn als eine Darstellung des Freudschen Es zu deuten, als ein Geschöpf seiner »Triebe«, lustvoll, gierig, ganz dem »ungehemmten Triebleben« ausgeliefert, so wie Freud das Es beschreibt. Diese Betrachtungsweise des Neffen scheint um so eher erlaubt, als sein Gesprächspartner Tugendhaftigkeit hervorkehrt. Der Diderot des Gesprächs ist ein erklärter Verteidiger der rationalen Moral. In Wirklichkeit jedoch ist Rameaus Verhalten nicht Es-betont. Er steht fast ganz unter der Kontrolle des Ich. Seine Hauptsorge ist die Selbsterhaltung, die, wie Freud lehrt, wesentlich die Aufgabe des Ich ist. Aus diesem Interesse heraus ist er geradezu, wie man sagen möchte, besessen von der Gesellschaft und dem Wunsch, Rang und Macht in ihr zu besitzen. Vor allem anderen sehnt er sich nach künstlerischem Erfolg. Teils wünscht er ihn aus uneigennützigen Gründen, teils um der Schmeichelei und um des Überflusses willen, die er bringen soll. Der Neid auf seinen berühmten Onkel quält ihn und es verbittert ihn, in seinem Schatten zu leben.* Seine eigenen Talente sind keineswegs unbedeutend. Sein musikalischer Geschmack ist anspruchsvoll und sein Urteil streng. Das musikalische Repertoire beherrscht er in erstaunlicher Weise, und in maßloser Weise hat er, wie er sich ausdrückt, seine Finger seinem Willen unterworfen, sich auf die Tasten zu setzen und über die Saiten zu springen. Doch trotz seiner angeborenen Fähigkeiten und trotz der grausamen Selbstzucht, der er sich unterzogen hat, muß er, was den modernen Menschen besonders verbittert, das Wissen ertragen, kein Genie zu sein. Obwohl er sich den Zielen des Ich verschrieben hat, die zu erreichen seine überlegene Intelligenz ihm durchaus ermöglichen müßte, gelingt es ihm kaum, seinen Lebensunterhalt zu bestreiten. Angewiesen darauf, sein bloßes Überleben als Parasit an den Tischen der Reichen zu finden, richtet er seinen ganzen Einfallsreichtum darauf, die Regeln systematischer Schmeichelei zu vervollkommnen, doch selbst in dieser elenden Lebensweise hat er keinen Erfolg. Seine verhinderte Leidenschaft für das, was die Gesellschaft zu bieten hat, ist von einem verächtlichen Nihilismus begleitet, der alle besonnene Überlegung über den

* Er tut es noch immer, der Arme: Die englische Taschenbuchausgabe des Dialogs bei Penguin zeigt auf dem Umschlag das Porträt des großen Rameau von Louis Carrogis Carmontelle.

Haufen wirft. Er ist das Opfer eines unwiderstehlichen Hanges, die zu verletzen, bei denen er sich beliebt machen möchte. Stärker als sein Wunsch, geachtet zu werden, ist sein Verlangen nach demonstrativer Selbsterniedrigung. Sein Ich, das seine wesentliche Aufgabe verrät, richtet sich auf sich selbst und findet seinen Ausdruck in einer zwanghaften Possenreißerei, die zugleich Scham weckt und Schamlosigkeit hervorkehrt in einer Weise, mit der Dostojewski uns vertraut gemacht hat. »In ihm verbinden sich«, sagt Diderot, »Erhabenheit und Niedertracht, Vernunft und Unverstand... Nichts gleicht ihm weniger als er selbst.«

Die Charakterisierung geht weiter: »Was für ein Hirngespinst... Welche Neuerung, welch ein Ungeheuer, welch ein Chaos, was für ein Ding des Widerspruchs, was für ein Wunder. Richter über alle Dinge, törichter Erdenwurm; Verwalter der Wahrheit, Schlammgrube der Ungewißheit und des Irrtums; Ruhm und Auswurf des Universums.« Das sind natürlich nicht Diderots Worte, sondern Pascals. [26] In Diderots Dialog wird Pascals Sinn für die menschliche Widersprüchlichkeit aufgenommen und weiter spezifiziert.

Der französische Marxist Lucien Goldmann hat Pascal den »ersten modernen Menschen« genannt. [27] Damit will er sagen, daß Pascal die Ideen der deutschen Denker in der Nachfolge Kants, vor allem von Goethe, Hegel und Marx, vorweggenommen hat. Daß dies richtig ist, möchte man um so eher glauben, weil alle drei eine besondere Affinität zu Diderot fühlten. Daß Hegel Diderot und nicht Pascal selbst gewählt hat, um die moderne Anthropologie darzustellen, erklärt sich unter anderem daraus, daß die Gesellschaft in *Rameaus Neffe* noch entschiedner als in Pascals *Pensées* als der Raum begriffen wird, den der Mensch auf seinem geistigen Weg durchmißt. Gewiß, nichts bestätigt unseren Eindruck von der zunehmenden Autorität des Begriffs der Gesellschaft mehr als die Rolle, die sie bei Pascal in seiner Darstellung der Schwierigkeiten des religiösen Lebens ausdrücklich spielt. Doch für Pascal ist die menschliche Existenz in der Gesellschaft nur die Manifestation einer kosmischen Entfremdung, während für Diderot das Schweigen der unendlichen Räume nichts Erschreckendes hat, ja, nicht einmal vernommen wird. Für Diderot ist die Gesellschaft ganz und gar die Wurzel und der Boden der Entfremdung. Der gesellschaftliche Mensch ist der entfremdete Mensch.

In seinem großen Dialog ist die Entfremdung ganz wörtlich zu verstehen. Sie beginnt bei dem Namen des Helden, der, so wie die Gesellschaft, sich nicht selbst besitzt, nicht sein eigener Herr ist – er ist nicht Rameau, sondern Rameaus Neffe. Im *Oxford Companion to French Literature* versichert man uns, daß »dieser Neffe Rameaus eine wirkliche Person« war, doch ebensowenig wie Diderot selbst hält man es dabei für nötig, uns seinen Vornamen zu nennen, der übrigens Jean-François lautete. Die Theorie der Gesellschaft, die der Neffe vertritt, beruht auf seiner Erkenntnis der systematischen Getrenntheit des Individuums von seinem wirklichen Selbst. Das gesellschaftliche Leben, erklärt er uns, ist bloß eine Schauspielerei – jeder nimmt eine bestimmte »Position« ein, so wie die Choreographie der Gesellschaft es vorschreibt. Mit der ganzen mimetischen Fähigkeit, die seine Existenz ausmacht, führt der Neffe die Pantomime vor, von der sein Überleben abhängt. »Nun lächelt er, spielt den Bewundernden, den Bittenden, den Gefälligen, er setzt den rechten Fuß vor, den linken zurück, den Rücken gebogen, den Kopf in die Höhe, den Blick wie auf anderer Blicke gerichtet, den Mund halb offen, die Arme nach einem Gegenstande ausgestreckt. Er erwartet einen Befehl, er empfängt ihn, fort ist er wie ein Pfeil, er ist wieder da, es ist getan, er gibt Rechenschaft; er ist aufmerksam auf alles; was fällt, hebt er auf; ein Kissen legt er zurecht; einen Schemel schiebt er unter; er hält einen Präsentierteller, er nähert seinen Stuhl, er öffnet eine Türe, zieht die Vorhänge zu, bemerkt den Herrn und die Frau, ist unbeweglich mit hängenden Armen, steifen Beinen, er hört, er horcht, er sucht auf den Gesichtern zu lesen und dann sagt er: Das ist nun meine Pantomime ungefähr, wie die aller Schmeichler, Schmarotzer und Dürftigen.« [28] Nachdem die Vorführung beendet ist, besteht zwischen Diderot und dem Neffen, dem *Moi* und dem *Lui* des Dialogs, darüber Einigkeit, daß in der Gesellschaft jeder ohne Ausnahme eine Rolle spielt, eine »Position« annimmt und seinen Tanz aufführt, sogar der König selbst – »vor seiner Geliebten nimmt der König eine Position an, und vor Gott macht er seinen Pantomimenschritt«.

Niemand wird *Rameaus Neffe* lesen, ohne seine Zweideutigkeit zu bemerken. Auf der ersten Ebene, auf die ich mich bisher bezogen habe, urteilt der Dialog direkt und ganz und gar abfällig über die Gesellschaft. Er enthüllt das Prinzip der Unaufrichtigkeit, auf das die Gesellschaft sich gründet, und demonstriert den Verlust an persönlicher Integrität und Würde, der eine Folge des Rollenspiels der gesellschaftlichen Existenz ist. Das ist jedoch kaum etwas Neues, denn mehr als ein Jahrhundert lang war dies das Thema der französischen Moralisten gewesen, und selbst wenn wir einräumen, wie wir es ohne weiteres tun, daß

Diderot den moralischen Prozeß gegen die Gesellschaft mit einzigartiger dramatischer Kraft führt, so genügt das nicht zur Erklärung, warum dieser Dialog für so viele große Geister des neunzehnten Jahrhunderts den Reiz einer Entdeckung gehabt hat, der sich auch geringeren Geistern einer späteren Zeit noch mitteilt. Der Zauber, der von *Rameaus Neffe* ausgeht, erklärt sich eher von seiner zweiten Bedeutungsebene her, auf der der Gedanke nahegelegt wird, daß die Natur und die Bestimmung des Menschen in dem engen Raum zwischen Tugend und Laster nicht vollständig zu begreifen sind. Dadurch teilt der Dialog uns ein Gefühl von Erweiterung und glücklicher Befreiung mit. Wie immer das Verdammungsurteil über die selbstsüchtige Doppelzüngigkeit der Gesellschaft, über die großen Finanzleute, ihre Frauen und ihre kleinen Schauspielerinnen und Sängerinnen, über ihre Höflinge, ja über den König selbst lauten mag – es gibt eine Person, den Neffen, der die moralischen Kategorien und das von ihnen diktierte Urteil transzendiert. Sein Gesprächspartner Diderot ist bemüht, ihn mit ausgesuchter Höflichkeit zu behandeln und ihm seinen Mangel an moralischem Ernst vorzuhalten, doch wir wissen, daß Diderot als Verfasser des Dialogs uns jedes Recht gibt, in unser Herz und in unser Denken Eingang zu finden, um dort nicht nur als eine wirkliche Person, sondern als ein Stück Menschlichkeit selbst und als die Freiheit gegenwärtig zu sein, die wir im menschlichen Geist, in seiner Kraft des Suchens, Erwartens und Verlangens, in seinem Selbstbewußtsein und seinen grenzenlosen Widersprüchen finden möchten. Der Höhepunkt des Gespräches, ja der Existenz seines Protagonisten ist erreicht, wenn Rameau die Überlegenheit der neuen Formen der Oper über die alten erörtert. Diese Episode gipfelt in der ausführlichsten seiner mimetischen Darstellungen, indem er selbst Oper wird und die ganze Kunst personifiziert – ein musikalischer Proteus, oder sollte man besser sagen Panurg, der alle Instrumente zum Klingen bringt und alle Gefühle in allen Stimmlagen und Tönen schildert. Diese erstaunliche Vorführung bringt den Gedanken zum Ausdruck, den Nietzsche ein Jahrhundert später formulieren wird, daß die wahre metaphysische Bestimmung des Menschen nicht in der Moral, sondern in der Kunst liegt.

Auch wenn es so ist, daß vor allem die zweite Bedeutungsebene von *Rameaus Neffe* uns fasziniert und die Genialität des Werkes ausmacht, darf unser besonderes Vergnügen daran uns nicht verleiten, die erste Ebene zu vernachlässigen. Das moralische Urteil, das der Dialog über den Menschen in der Gesellschaft fällt, wird nicht am Ende verworfen, sondern besteht mit seinem Gegensatz zusammen, und die Kraft der Idee, daß die moralischen Kategorien transzendiert werden können, ist von der Gültigkeit und dem Gewicht dieses Urteils abhängig. Der Neffe selbst beruft sich gleichzeitig auf die moralischen Kategorien und verneint sie – das moralische Urteil beruht auf dem zwingenden Charakter der Rameauschen Beobachtungen des gesellschaftlichen Verhaltens und auf der Schamlosigkeit, mit der er seine eigene Schmach enthüllt.

2.

Hegels bedeutender Kommentar zu *Rameaus Neffe* in der *Phänomenologie des Geistes* entwickelt die zweite Bedeutungsebene des Dialogs bis zu ihrem äußersten Punkt weiter. Gleichwohl gibt er nicht zu erkennen, daß er den Gedanken, die Natur und die Bestimmung des Menschen ließen sich letztlich nicht in moralischen Kategorien beschreiben, Diderot verdankt. Tatsächlich scheint er davon überzeugt, daß der Dialog sich in dem moralischen Argument erschöpfe, und wirft ihm diese Begrenztheit vor. In dem speziellen Abschnitt der *Phänomenologie*, der uns hier allein beschäftigen wird [29], vertritt Hegel die Auffassung, daß das moralische Urteil ausschließlich rückwärtsgewandt ist und dem wahren Begriff vom Geiste im Wege steht. Es gibt keinen Charakterzug des Neffen, den Hegel zu tadeln oder zu beklagen erlaubt. Wo jeder Leser selbstverständlich eine Unzulänglichkeit Rameaus erkennt, die zu verzeihen oder hinzunehmen ist, sieht Hegel eine positive Eigenschaft von höchster Bedeutung, nichts weniger als eine notwendige Voraussetzung für die Entwicklung des »Geistes«, das heißt des Bewußtseins in seinem wesentlichen Akt, nämlich von sich zu wissen. Goethes Übersetzung des Dialogs erschien während der Niederschrift der *Phänomenologie*. Der Neffe, der in Goethes Text als »ergriffen von einer ... Entfremdung des Geistes« beschrieben wird, gab Hegel das Titelstichwort für den Abschnitt seines Werkes: »Die Welt des sich entfremdeten Geistes«. Für Hegel ist der Neffe die exemplarische Gestalt der modernen Epoche des sich entfaltenden Geistes, und er begrüßt sein Kommen im Ton freudiger Verkündigung.*

Die Schwierigkeit der *Phänomenologie* ist sprichwörtlich, und weder

* An keiner Stelle seines Kommentars zu dem Dialog erwähnt Hegel auch nur den Titel oder die Namen seines Verfassers oder seiner Hauptfigur. [Die in den Ausgaben üblich gewordene Anmerkung geht auf die Herausgeber der *Phänomenologie* zurück.]

ist hier der Ort noch maße ich mir an, den ganzen vielschichtigen Prozeß der Selbstentfremdung, den Hegel beschreibt, zu rekapitulieren. Vielleicht findet sich aber ein Weg durch das große Labyrinth, dem der Uneingeweihte mit einigem Vertrauen folgen kann. Sein Verlauf ist an einem Vokabular erkennbar, das sich von dem des übrigen Werkes unterscheidet. Mitten im eigenwilligen Gewirr der Hegelschen Terminologie finden wir bestimmte Worte, die in ihrer Vertrautheit beruhigend wirken, Worte wie »edelmütig« und »niederträchtig«, »Dienst«, »Heroismus«, »Schmeichelei« und eine Verbindung dieser beiden letzten Worte in einer befremdlichen und möglicherweise witzig gemeinten Formulierung – »Heroismus der Schmeichelei«. Wir erkennen, daß Hegel mit diesen Worten eine historische Entwicklung beschreibt, die freilich abstrakt und paradigmatisch, doch auch konkret und wirklich ist. Soweit sie konkret und wirklich ist, ist sie insbesondere auf die gesellschaftliche und kulturelle Entwicklung der Renaissance und der Aufklärung bezogen, aber auch, wie wir nicht übersehen können, auf unsere eigene Zeit.

Der historische Prozeß, den Hegel darstellen will, ist der Prozeß der Selbstverwirklichung des Geistes durch die Veränderung des Verhältnisses des Einzelnen zu der äußeren Macht der Gesellschaft in zweien ihrer Aspekte, nämlich der Staatsmacht und der Macht des Reichtums. In einer frühen Phase des geschilderten Prozesses heißt es von dem individuellen Bewußtsein, es stehe in einer vollkommen harmonischen Beziehung zur äußeren Macht der Gesellschaft, ja sei geradezu mit ihr identisch. Dabei steht, wie Hegel sich ausdrückt, das individuelle Bewußtsein »im Dienst des wirklichen Gehorsams« gegenüber der äußeren Macht und empfindet »innere Achtung« für sie. Diese restlose und stillschweigende Übereinstimmung des individuellen Bewußtseins mit der äußeren Macht der Gesellschaft wird als »edelmütig« bezeichnet.

Doch die harmonische Beziehung des individuellen Bewußtseins zur Staatsmacht und zum Reichtum hat nicht die Bestimmung, dauerhaft zu sein. Es ist die Natur des Geistes, wie Hegel sagt, daß er sein »Fürsichsein« zu gewinnen sucht, das heißt, daß er sich von einschränkenden Bedingungen selbst befreit und auf seine Selbständigkeit dringt. Indem er »Dienst des Gehorsams« leistet und gegenüber allem außer sich selbst »innere Achtung« empfindet, billigt er die Verneinung seines eigenen Wesens. Soll er seine wesentliche Bestimmung der Selbstverwirklichung erfüllen, dann muß er seiner Übereinstimmung mit der äußeren Macht der Gesellschaft ein Ende machen. Indem das individuelle Bewußtsein diese »edelmütige« Beziehung löst, tritt es in ein Verhältnis zur äußeren Macht, das Hegel als »niederträchtig« bezeichnet.

Der Übergang ist nicht unvermittelt. Zwischen die edelmütige Beziehung des individuellen Bewußtseins zur Staatsmacht und zum Reichtum und das sich entwickelnde niederträchtige Verhältnis zu ihnen tritt, was Hegel eine »Vermittlung« nennt. In diesem Übergangsstadium verwandelt sich der »Heroismus des stummen Dienstes« in einen Heroismus, der nicht stumm ist, sondern spricht – in den »Heroismus der Schmeichelei«. Das bedeutet, daß das Individuum sich seiner Beziehung zur äußeren Macht der Gesellschaft bewußt wird. Es wird sich dessen bewußt, daß es sich entschieden hat, diese Beziehung aufrechtzuerhalten, und es wird sich über die Gründe klar, die es dazu bewogen haben – in Wirklichkeit also formuliert die Schmeichelei die Gründe dieser Entscheidung, und zwar so, daß das Individuum die Verdienste der äußeren Macht, vermutlich der Person eines Monarchen, ausspricht. Wir können annehmen, daß Hegel an das Verhältnis des Hofadels zu Ludwig XIV. gedacht hat. Bewußtsein und Wahl bedeuten, soviel ist klar, eine Bindung an die äußere Macht der Gesellschaft, aber keineswegs eine Identifikation mit ihr.

Von diesem veränderten Verhältnis des »edelmütigen« Bewußtseins zur äußeren Macht geht das Individuum zu dem »niederträchtigen« Verhalten über, sich in einen wirklichen Gegensatz zur äußeren Macht zu bringen. Wem es einst diente und was es einst achtete, das wird jetzt mit Groll und Bitterkeit angesehen. In seiner Beschreibung dieser neuen Einstellung sagt Hegel deutlich, daß das individuelle Bewußtsein »in der Herrschergestalt also eine Fessel und Unterdrückung des Fürsichseins sieht und daher den Herrscher haßt, nur mit Heimtücke gehorcht und immer auf dem Sprunge zum Aufruhr steht«. Das Verhältnis des Individuums zum Reichtum ist sogar noch niederträchtiger, allein schon wegen der Zweideutigkeit, die es kennzeichnet, daß das Selbst den Reichtum zugleich liebt und verachtet. Durch den Reichtum gelangt es »zum Genusse seines Fürsichseins«, sieht darin aber nur das Mißverhältnis zum Wesen des Geistes, dessen Natur es ist, bleibend zu sein, während der Genuß verschwindet.

Der so beschriebene Prozeß führt eine unglückliche Situation herauf, die freilich in Hegels Augen keineswegs beklagenswert ist. Er will uns deutlich machen, daß der Übergang vom »edelmütigen« zum »niederträchtigen« Bewußtsein keineswegs ein Niedergang, vielmehr ein Fortschritt ist. Nicht nur beklagt Hegel die Niederträchtigkeit nicht, sondern er begrüßt sie sogar und verblüfft uns mit der Feststellung, daß Verworfenheit in den »Adel der gebildetsten Freiheit des Selbstbewußtseins« umschlägt. Was ist der Sinn einer so willkürlichen Vertauschung der Bedeutungen?

Eine Antwort könnte von der Beobachtung ausgehen, daß die Worte »edelmütig« und »niederträchtig« zwar der Sprache des moralischen Urteilens assimiliert, ursprünglich jedoch keine Moralbegriffe sind. Sie sind keinem Katalog von Vorschriften und Verboten entnommen, der allgemeine Geltung und Verbindlichkeit beansprucht oder sogar eine übernatürliche Autorität besitzt und dem zufolge ein Hauptmerkmal rechten und unrechten Handelns einer Person in der Wirkung ihres Verhaltens auf andere Personen besteht. Diese Worte stehen vielmehr im Zusammenhang mit dem persönlichen Lebensideal der herrschenden Klasse einer bestimmten Epoche – mit ihrem *Ethos*, insofern man damit nicht die Vorstellung eines abstrakt *richtigen* Verhaltens, sondern eine bestimmte Form oder einen bestimmten Stil eines *gebilligten* Verhaltens bezeichnen will. Was mit diesem Ethos übereinstimmt, ist edel, was es dagegen nicht erreicht oder ihm Abbruch tut, ist niedrig. Das edle Selbst bildet sich nicht durch seine wohltätigen Absichten gegenüber anderen, sondern es ist in seiner Intention ganz auf sich selbst gerichtet. Die moralische Qualität, die man ihm zusprechen kann, ist eine akzidentelle Folge davon, daß es in Einstellung und Verhalten das Privileg und die Aufgabe seiner gesellschaftlichen Stellung zum Ausdruck bringt. Man kann sagen, daß Wesenszüge, die man einmal als zum Soldatenleben gehörig ansah, für die Bildung des edlen Selbst eine ausschlaggebende Rolle spielen. Es tritt der Welt kühn gegenüber, mit klaren Zielsetzungen, die offen mitgeteilt werden. In seinem Bewußtsein gibt es keine Trennung, es ist eins mit sich. In ähnlicher Weise drückt das niedrige Selbst seine soziale Lage aus, zunächst in seiner charakterlichen Einstellung und in seinem Verhalten, so wie sie von der Umgebung erwartet und gefordert werden, und dann durch die Art und Weise, wie es diejenigen seiner Ziele verfolgt, die die Grenzen des seiner sozialen Stellung für angemessen gehaltenen Eigennutzens überschreiten. Diese Ziele lassen sich nur im Verborgenen erlangen und gelten deswegen als schimpflich. Zwischen den Absichten des niederträchtigen Selbst und seinen Äußerungen besteht keine Übereinstimmung. Aber gerade deswegen, weil dieses Selbst dem Ethos des Edelmuts nicht unterworfen ist, hat es zumindest einen gewissen Grad von Autonomie gewonnen und so der Natur des Geistes entsprochen. Als es seinen gehorsamen Dienst gegenüber der Staatsmacht und dem Reichtum aufkündigte, hat es seine Ganzheit verloren. Sein Selbst ist »zerrissen«, es ist sich selbst »entfremdet«. Aber weil es sich von aufgezwungenen Bedingungen selbst befreit hat, hat es, Hegel zufolge, einen Fortschritt herbeigeführt. Hegel formuliert das folgendermaßen: »das Fürsichsein« des Selbst ist »vielmehr der Verlust seiner selbst«. Dasselbe läßt sich auch umgekehrt sagen: »die Entfremdung seiner [ist] vielmehr die Selbsterhaltung«.

Hegels eindeutige Entscheidung zwischen dem *Moi* und dem *Lui* des Diderotschen Dialogs muß im Lichte seiner phänomenologischen Geschichte des Geistes verstanden werden. Er liest dieses Werk nicht wie der gewöhnliche Leser, der zwar die unbestreitbaren Unterschiede des Charakters und der Meinungen der beiden Gesprächspartner nicht übersehen wird, aber dennoch bemerkt, wie groß auch die Übereinstimmung zwischen beiden ist, so daß er den Dialog nicht als einen unversöhnlichen Streit zwischen ihnen auffassen kann, wie dies Hegel tut und dabei eindeutig für Rameau und gegen Diderot Partei nimmt.

Von Diderot-*Moi* spricht Hegel als vom »ehrlichen Bewußtsein«. Es könnte so scheinen, als solle dies eine gute Art von Bewußtsein sein, und wir möchten das um so eher annehmen, weil wir den wirklichen Diderot bewundern. Doch Hegel will kein Lob aussprechen. Er verwendet das Wort »ehrlich« in seiner alten herablassenden Bedeutung, wonach es eine Begrenztheit zugleich des Geistes wie der Macht einschließt. Die »Ehrlichkeit« von Diderot-*Moi,* die Hegels unwillige Geringschätzung hervorruft, beruht auf seinem ungebrochenen Selbst, auf der Direktheit und Beständigkeit seines Verhältnisses zu den Dingen und auf seiner Unterwerfung unter eine traditionelle Moral. Diderot-*Moi* ist durchaus kein Beispiel für den Drang des Geistes, den ihn einengenden Verhältnissen zu entfliehen und ein ausschließlich von ihm selbst bestimmtes Dasein zu gewinnen.

Es wäre alles einfacher, wenn wir sagen könnten, daß Hegel Diderot-*Moi* deswegen verurteilt, weil er »edelmütig« ist. [30] Vielleicht ist es aber trotz aller Bedenken gegen die Verwendung dieses Wortes dennoch erlaubt, so zu sprechen. Es ist richtig, daß die Art von Selbst, Seele oder Bewußtsein, welche Diderot-*Moi* repräsentiert, nicht nur keinerlei Ähnlichkeit mit einem traditionellen Edelmann hat, sondern vielmehr zur Lebensanschauung einer Klasse gehört, die gerade durch ihren Gegensatz zum Adelsethos gekennzeichnet ist. Der wirkliche Diderot, dessen Beziehung zum Diderot-*Moi* auf der Hand liegt, war ein umgänglicher, kluger, empfindsamer und redegewandter Mann in wollenen Strümpfen, der sich jahrelang mit seiner großen *Encyclopédie* abmühte, einem Unternehmen, dessen Ziel es war, der Macht jener Klasse ein Ende zu setzen, von welcher das Ideal »edelmütigen« Verhaltens herkommt. Aber trotz dieses offensichtlichen Widerspruchs kann man durchaus sagen, daß das »ehrliche Bewußtsein« Diderots von einer Art ist, die von Hegel mit der adligen Lebensanschauung in Zusammenhang gebracht wird. Diese Lebensanschauung hat ihren höchsten Ausdruck in den späten Stücken Shakespeares gefunden, die wir gewöhnlich als »Romanzen« bezeichnen.

Mit dem Hinweis auf diese Stücke will ich etwas höchst Einfaches sagen: daß nämlich das in ihnen vorgestellte Lebensideal auf Ordnung, Friede, Ehre und Schönheit beruht, die nur unter gewissen materiellen Voraussetzungen verwirklicht werden und bestehen können. Die Hoffnung, die die normgebende Vision dieser Stücke ist, hat die fast schokkierende Schlichtheit dessen, was Ferdinand im *Sturm* ersehnt – »stille Tage, ein blühendes Geschlecht/Und langes Leben« – und was, im Gefolge Prosperos, Juno wiederholt: »Ehre, Reichtum, Ehbescherung,/ Lange Dauer und Vermehrung«. Das hat zu tun mit guter Ernte, mit vollen Scheuern und mit der wohlhabenden Schicklichkeit, die Ben Jonson in Penshurst und Marvell in Appleton pflegten, und wie Yeats sie sich für die häuslichen Verhältnisse seiner Tochter ersehnte.

Die Erwähnung von Yeats läßt an jenes soziale Ereignis denken, das ihn sein ganzes Leben lang beschäftigte und bedrückte, die Niederlage, welche die plebejische Demokratie dem alten Adelsethos beigebracht hatte. Doch schon lange bevor Yeats sich über diese Niederlage zu erregen begann, zeichnete sie sich bereits ab, und viele waren sich darüber im klaren, daß sie unaufhaltsam war; an ihrer Endgültigkeit kann auch heute kein Zweifel bestehen. Dennoch ist einsichtig, daß das alte Ethos, obwohl besiegt, nicht von einem Tag auf den anderen seine ganze Macht verlieren konnte, sondern während des ganzen neunzehnten Jahrhunderts und sogar bis ins zwanzigste hinein seinen Einfluß behielt, vor allem vielleicht in England, aber auch im Leben anderer Nationen. Die Helden der Romane, die die gebildete Mittelschicht in England und Frankreich las, waren junge Männer, die an Lebensverhältnisse glaubten, die den Namen Glück verdienten. Diese Verhältnisse erlangte man, indem man bestimmte irdische Ziele verfolgte, die genau mit dem übereinstimmten, was in den Romanzen Shakespeares als gutes Leben galt, einschließlich der Heirat mit einer jungen Frau, die

Miranda oder Perdita möglichst genau entsprechen mußte. Das Selbst, das sich diese Ziele vorstellte und zu erreichen suchte, war jene Art Selbst – oder begann es zu sein –, die Hegel als »ehrliches Bewußtsein« bezeichnet.

Die besten Romanautoren des neunzehnten Jahrhunderts und des Beginns unserer eigenen Epoche waren alles andere als zuversichtlich, daß die alte Vision eines edlen Lebens sich verwirklichen ließ. Doch obwohl Balzac, Stendhal, Dickens, Trollope, Flaubert und Henry James sich der Wahrscheinlichkeit des Scheiterns dieser Vision in der Realität bewußt waren, hielten sie an dem schönen Traum fest und verherrlichten ihn. Der junge James Joyce hat ihm einen Namen gegeben, der sowohl seinen Anachronismus wie seine Anziehungskraft andeutet – er sprach von seinem Verlangen, die »lieblichen Residenzen des Lebens« zu betreten. Mit dieser Wendung, die nostalgisch die verschwundene edle Lebensordnung in Erinnerung ruft, hat er all das zum Ausdruck gebracht, was die Welt zur Zeit seiner Jugend noch an Ordnung, Friede, Ehre und Schönheit zu versprechen schien. Das Vertrauen, das man früher noch in die materiellen und sozialen Verhältnisse setzen konnte, und das Glück, das darin lag, waren der Boden des moralischen Lebens, wie es die Romane früher schilderten – der moralische Werdegang begann mit dem Wunsch, die lieblichen Residenzen des Lebens zu betreten, und die Moral hatte damit zu tun, wie man sich auf diesem Weg hielt.

Es braucht kaum betont zu werden, daß die visionäre Norm von Ordnung, Friede, Ehre und Schönheit in der Literatur unserer Tage keinen Platz mehr hat. Vielleicht ist ihr Vorhandensein noch an ihrer Abwesenheit zu erkennen: die erbitterte und verächtliche Ablehnung dieser Vision, die für die moderne Literatur kennzeichnend ist, ist möglicherweise als ein Ausdruck der Verzweiflung darüber zu verstehen, daß sie sich nicht verwirklichen läßt. Doch auch ihre Ablehnung ist grundlos. Sie ist, wie Hegel sagen würde, eine freie Entscheidung, die der Geist auf der Suche nach seiner Selbstverwirklichung getroffen hat.

Es wäre natürlich unsinnig, wenn man sagen wollte, daß unser wirkliches Leben von der Ablehnung der alten visionären Norm bestimmt sei. In unserer Verantwortung für unser häusliches Leben und als Eltern halten wir ihr in der Praxis die Treue, selbst wo wir nicht das rechte Zutrauen zu ihr haben. Als *Leser* jedoch, in unserer Zugehörigkeit zum bewußten und sich ausdrücklich formulierenden Leben in der Gesellschaft, neigen wir zur entgegengesetzten Haltung. Wenn zum Beispiel ein begabter Schriftsteller wie Saul Bellow in der Gestalt seines Moses Herzog versucht, die vorherrschende Ablehnung der alten Vision in Frage zu stellen, und den Wert eines glücklichen und erfolgreichen Lebens verteidigt, dann reagieren wir mit Unbehagen und Verwirrung, und dies zweifellos um so mehr, als wir etwas wie Unbehagen und Verwirrung auch Saul Bellow selbst anmerken, der genau spürt, daß er sich durch seinen Widerspruch gegen die gängige Einstellung dem schrecklichen Vorwurf des Philistertums aussetzt, als wäre er ein Abtrünniger und Verräter des Geistes. Wir empfinden es als eine Beleidigung unseres Realitätssinnes, wenn ein Zeitgenosse jene Haltung zum spirituellen Leben einnimmt, die wir gerne akzeptieren oder sogar verführerisch finden, wenn wir ihr in Shakespeares Romanzen begegnen. Materiellen Wohlstand und gesellschaftliches Ansehen und was sie an Ordnung, Friede, Ehre und Schönheit zu verbürgen scheinen verwendet Shakespeare ganz unbefangen als Embleme des spirituellen Lebens und als Zeichen, an denen sich die Erfülltheit des inneren Lebens zu erkennen gibt. Das Selbst begreift er als Zustand und Tätigkeit, die Gelingen und Lohn einschließen – Zustände wie Unschuld, Tätigkeiten wie Reue und Buße, Lohn und Erfüllung wie die Erlösung, *»a clear life ensuing«* und sogar, welch erstaunliche Tatsache, Glückseligkeit.*

Es ist diese Lebensvision, die Hegel diskreditieren will, wenn er herablassend und mit Verachtung von Diderot-*Moi* spricht. Hegel lehnt das »ehrliche Bewußtsein« ab, weil es sich durch sein »edelmütiges« Verhältnis zur äußeren Macht der Gesellschaft definiert und daran seine Schranken hat. Der Adel ist in Diderot-*Moi* bürgerlich geworden, aber nicht wesentlich verwandelt. Wir heutigen stimmen mit Hegels Urteil, zumindest als Leser, im Grunde überein. Wir lehnen die archaische edle Vision des Lebens ab, weil wir von den Beschränkungen frei sein wollen, die sie auferlegt. Wir haben uns einer Freiheit verschrieben, wie sie von jener anspruchsvollen geistigen Aufgabe gefordert wird, die in der *Phänomenologie* »Bildung« heißt.

* Wenn Shakespeares *Sturm* im Zusammenhang mit der *Phänomenologie* genannt wird, läßt sich kaum übersehen, daß es andere Elemente des Stückes gibt, die Hegels Formulierungen erstaunlich nahekommen – die »Niedrigkeit« Calibans, die die Anteilnahme des modernen Zuschauers nicht nur durch ihr Pathos, sondern auch durch den »Edelmut« findet, der sich in seinem Widerstand gegen die Knechtschaft zeigt, sowie Ariels sich erfüllendes Verlangen, Geist zu sein, der sich in vollkommener Autonomie verwirklicht.

Das Wort »Bildung« ist in der englischen Übersetzung der *Phänomenologie* durch *»culture«* wiedergegeben worden. Im Jahre 1910, als die Übersetzung von J. B. Baillie erschien, war die von Matthew Arnold eingeführte Bedeutung von *»culture«* noch wirksam, an die Baillie sich glaubte anlehnen zu dürfen. Das war um so gerechtfertigter, als Matthew Arnold zweifellos an »Bildung« in einer der geläufigen Bedeutungen des Wortes gedacht hat, als er seine Auffassung der Kultur als einer Entwicklung des Selbst zur Vollkommenheit durch die tätige Erfahrung des »Besten in der Welt Gedachten und Gesagten« entwickelte. Diese Bedeutung des Wortes muß heute überholt und allzu pietätvoll wirken, doch das spricht eher für diese Entscheidung des Übersetzers, da Hegel nichts anderes beabsichtigte, als seine Leser dadurch zu verblüffen, daß er einen Akt der Pietätlosigkeit mit einem ehrwürdigen Wort bezeichnete. In Hegels eigenwilliger Deutung ist Bildung der charakteristische Erfahrungsbereich des niederträchtigen Selbst. Das zerrissene, entfremdete und verwirrte Bewußtsein drückt dadurch seine negative Beziehung zur äußeren Macht der Gesellschaft aus und wird so »wahrhaft objektiver Geist«, also »Fürsichsein«. Die Existenz des niederträchtigen Selbst in der Welt der Bildung wird als »das allgemeine Sprechen und zerreißende Urteilen« beschrieben, das alles auflöst. Als zerreißendes Urteilen, als Gehässigkeit des allgemeinen Sprechens bezeichnet Hegel dasjenige, »um welches es in dieser realen Welt allein zu tun ist«.

Dieses Auflösen alles Wirklichen ist, obgleich entscheidend für den Werdegang des Geistes, alles andere als ein glückliches Tun. Die Erfahrung, die das Selbst in der Welt der Bildung macht, ist schmerzvoll, sie schließt Entsagung und Aufopferung ein. Baillie betont diesen Aspekt der Bildung durch eine übersetzerische Freiheit, die er sich in dem von uns behandelten Abschnitt der *Phänomenologie* nimmt, indem er Hegels Überschrift »Der sich entfremdete Geist; die Bildung« wiedergibt als *»Spirit in Self-Estrangement – The Discipline of Culture«*. Hegel versteht Bildung als Disziplin im Sinne von Zucht durch Zufügen von Schmerz. Indem das niederträchtige Selbst den Schmerz der Bildung erleidet, wird es zum Adel gebildet, ja es ist, wie Hegel meint, dadurch bereits adlig.

An seiner Verworfenheit kann jedoch kein Zweifel bestehen. Auf einer bestimmten Stufe der historischen Entwicklung liegt die Wahrheit des Selbst darin, daß es sich nicht treu ist, daß es kein Selbst gibt, dem gegenüber es wahrhaftig zu sein vermag. Für das Selbst, den Geist, besteht die Wahrheit gerade in Betrug und Schamlosigkeit. »Der Inhalt der Rede des Geistes«, sagt Hegel, »ist also die Verkehrung aller Begriffe und Realitäten, der allgemeine Betrug seiner selbst und der anderen, und die Schamlosigkeit, diesen Betrug zu sagen, ist eben darum die größte Wahrheit.« Deswegen flößt uns nicht Diderot-*Moi* Achtung ein, der *philosophe* mit seiner archaischen Liebe zur einfachen Wahrheit und Moral, mit seinem klar umrissenen Selbst und seiner Verpflichtung zur Aufrichtigkeit, sondern Rameau, der Possenreißer, der schmeichlerische Schmarotzer, der unwiderstehliche Schauspieler ohne ein Selbst, dem er treu sein könnte: er verkörpert den Geist, der zu einer neuen Stufe der Entwicklung übergeht.

Hegels Bewunderung für Rameau und seine Verachtung für Diderot steigert sich zum Äußersten unter dem Eindruck jener Passagen des Dialogs, in denen Rameaus opernhafte Vorführung ihren Höhepunkt erreicht und er in folgenschwerer Weise das individuelle Selbstsein preisgibt, um sich in alle Stimmen der menschlichen Existenz und aller Existenz zu verwandeln. »Er häufte und verwirrte dreißig Arien, italienische, französische, tragische, komische von aller Art Charakter. Bald mit einem tiefen Baß stieg er bis in die Hölle, dann zog er die Kehle zusammen und mit einem Fistelton zerriß er die Höhe der Lüfte, und mit Gang, Haltung und Gebärde ahmte er die verschiedenen singenden Personen nach, wechselweise rasend, besänftigt, gebieterisch und spöttisch. Da ist ein kleines Mädchen, das weint, und er stellt die ganze kleine Ziererei vor. Nun ist er Priester, König, Tyrann, ... nun ist er Sklave und gehorcht... Mit aufgeblasenen strotzenden Wangen und einem rauhen dunklen Ton stellte er Hörner und Fagot vor, einen schreienden näselnden Ton ergriff er für das Hautbois, mit unglaublicher Geschwindigkeit übereilte er seine Stimme, die Saiten-Instrumente darzustellen... er pfiff die kleinen Flöten, er kollerte die Querflöte, schrie, sang mit Gebärden eines Rasenden und machte ganz allein die Tänzer, die Tänzerinnen, die Sänger, die Sängerinnen, ein ganzes Orchester, ein ganzes Operntheater, sich in zwanzig verschiedene Rollen teilend, laufend, innehaltend, mit der Gebärde eines Entzückten, mit blinkenden Augen und schäumendem Munde... Es war eine Frau, die in Schmerz versinkt, ein Unglücklicher, seiner ganzen Verzweiflung hingegeben, ein Tempel, der sich erhebt, Vögel, die beim Untergang der Sonne sich im Schweigen verlieren. Bald Wasser, die an einem einsamen und kühlen Ort rieseln oder als Gießbäche von Bergen herabstürzen, ein Gewitter, ein Sturm, die Klage der Umkommenden, vermischt mit dem Gezisch der Winde, dem Lärm des Donners, es war die Nacht mit ihren Finsternissen, es war der Schatten und das Schweigen, denn selbst das Schweigen bezeichnet sich durch Töne. Er war ganz außer sich.«

Diderot-*Moi* urteilt über diese Personifikationen mit zwiespältigen Gefühlen: »Bewunderte ich ihn? Ja ich bewunderte. War ich gerührt und mitleidig? Ich war gerührt und mitleidig, doch ein lächerlicher Zug war in diese Gefühle verschmolzen und nahm ihnen ihre Natur.« Für Hegel erweist sich der unentwickelte Stand dieses einfachen »ruhigen Bewußtseins« daran, daß der vernünftige Mann in der erstaunlichen Vorführung ein Gemisch »von einer so völligen Verkehrtheit der Empfindung, so vollkommener Schändlichkeit, als gänzlicher Offenheit und Wahrheit« [31] finden kann, so daß er das Bewunderungswürdige vom Verächtlichen, das Edle vom Verworfenen unterscheiden muß.*

Es sollte vielleicht nicht unerwähnt bleiben, daß Hegel sich in seiner Deutung des Dialogs erhebliche Freiheiten erlaubt. Er rühmt Rameaus Vorstellung, weil sie durch ihre Preisgabe unversehrten Selbstseins den Geist zu einem höheren Bewußtsein führt. »Die ihrer selbst bewußte und sich aussprechende Zerrissenheit des Bewußtseins«, sagt er, »ist das Hohngelächter über das Dasein sowie über die Verwirrung des Ganzen und über sich selbst.« Damit ist die Vorstellung des Neffen nicht genau beschrieben, denn sie ist nicht von Hohn erfüllt, sondern eher getragen von Bewunderung und Liebe zu den menschlichen und natürlichen Erscheinungen, die sie vorführt. Entgegen Hegels Meinung ist Rameau nicht von Gehässigkeit erfüllt; keinesfalls ist er mit Dostojewskis Untergrundmenschen gleichzusetzen. Seine Vorführung ist eine unerschrockene Verteidigung eben desjenigen, was der Untergrundmensch verabscheut oder zu verabscheuen vorgibt, des Wahren, des Guten und des Schönen. Für Rameau ist dies die Trinität, die er anbetet und an deren Unbesiegbarkeit er unerschütterlich glaubt – niemals, sagt er, wird sie den Mächten der Finsternis unterliegen. Hegel schreibt ihm die »Verrücktheit des Musikers« zu, doch Rameau ist ein ebenso kritischer Kopf wie Diderot, und nachdem er seine trunkene Demonstration

* Die von Hegel [in der Ausgabe von Hoffmeister, S. 373] zitierte Stelle, die das Urteil von Diderot-*Moi* über die Vorstellung wiedergeben soll, ist in Wirklichkeit eine Verschmelzung von zwei verschiedenen Äußerungen, die im Dialog vorkommen, von denen nur eine (das erste von mir zitierte Urteil) sich auf die große Operndarstellung bezieht, während die andere ein früheres Beispiel des Rameauschen Possenspiels kommentiert, wo dieser sich als Kuppler darstellt, der für einen reichen Herrn ein Bürgermädchen verführt.

der Gewalt der neuen Kunst beendet hat, wendet er gewissenhaft seinen Geist wieder dem alten musikalischen Kanon zu, um an ihm zu retten, was anhaltende Bewunderung verdient. Als exemplarische Gestalt aus der Welt der Bildung ist er in seinem Zerreißen und Auflösen eigentlich eher maßvoll und zeigt weniger »Verwirrung«, als Hegel ihm unterstellt. Derartige Freiheiten, wie Hegel sie sich mit Diderots Text nimmt, brauchen nur beiläufig erwähnt zu werden, denn der Dialog muß vor ihnen nicht in Schutz genommen werden, vielmehr kann man sogar der Ansicht sein, daß er sie gestattet.

So bald also begegnen wir bei unserer Untersuchung der Aufrichtigkeit einem Geist von großer Autorität, der uns mit dem erschreckenden Gedanken konfrontiert, daß die Aufrichtigkeit keinen Anspruch auf unsere Achtung erheben kann. Ich habe darauf hingewiesen, daß ein offensichtlicher Zusammenhang besteht zwischen der Aufrichtigkeit und dem gesteigerten Gefühl persönlicher Identität, das sich mit der Entwicklung der Idee der Gesellschaft einstellte. Man verstand Aufrichtigkeit als ein Element persönlicher Autonomie und insofern empfand man sie als eine, wie man sagen könnte, fortschrittliche Tugend. Im Lichte der historischen Anthropologie Hegels jedoch muß sie im Gegenteil als rückwärtsgewandt und rückschrittlich angesehen werden, zurückschauend auf das Selbstsein einer vergangenen Zeit, in einer Zwischenstellung zwischen Selbst und Zerrissenheit, durch die es seine wahre, seine ganze Freiheit verwirklichen kann.

3.

Die dialektischen Wendungen und Umkehrungen der Hegelschen *Phänomenologie* gehören zweifellos zu einer esoterischen Lehre. An sich jedoch war die Vorstellung eines aufgelösten, entfremdeten und zerrissenen Bewußtseins dem zeitgenössischen Publikum durchaus nicht fremd. Sie war das Thema eines der in der Generation zuvor meistgelesenen Bücher gewesen, von Goethes Roman *Die Leiden des jungen Werther*, der 1774 erschien, am Ende des Zeitraums, in dem vermutlich *Rameaus Neffe* geschrieben worden war.

Ich weiß nicht, wie dieser bemerkenswerte Roman heute eingeschätzt wird und ob es noch so ist wie in meiner Jugend, als man sich dem Buch nur durch den Spott hindurch, den das viktorianische England darüber ausgegossen hatte, nähern konnte. George Henry Lewkes erwähnt, daß das Buch bei den Engländern als albern galt, und ich selbst habe meine erste Bekanntschaft mit ihm durch Thackerays komische Verse über Charlotte gemacht, die auch dann von ihrer verletzenden Nüchternheit nicht abließ, als Werther sich »sein blödes Hirn« ausgeblasen hatte und »vor ihr auf einer Lade fortgetragen wurde«. Ursprünglich war das Buch mit einem außerordentlichen Enthusiasmus aufgenommen worden – ganz Europa feierte es, und lange Zeit war sein Erfolg in England kaum weniger stürmisch als auf dem Kontinent. Doch die Viktorianer entdeckten, daß sie Großes zu tun hatten, was man von Werther nicht gerade sagen konnte und vermutlich ebensowenig von den jungen Deutschen, von denen es hieß, sie hätten seinen Selbstmord nachgeahmt. Die aufgeklärte englische Meinung über den Roman im neunzehnten Jahrhundert war, daß die Gefühle, die er wachrief, vielleicht seiner Zeit angemessen waren, daß solche Kindereien aber nun, da man erwachsen war, zu unterbleiben hätten. In diesem Sinne äußerte sich Carlyle. Er sprach mit der Autorität dessen, der in *Sartor Resartus* die Geschichte seiner eigenen Erfahrung der Zerrissenheit erzählt, aber ihr, im Unterschied zu Werther, widerstanden und sie überwunden hatte. Werthers Qual war wirklich und berechtigt, so meinte Carlyle, doch »andere Zeiten und eine höhere Kultur« hatten neue Heilmittel dagegen gebracht.

Wir sind weniger leicht als die Viktorianer zu der Annahme bereit, daß Goethes Jugendwerk überholt ist. Der größere historische Abstand bringt uns das Buch näher, als es ihnen war, denn er erlaubt uns, den Gefühlsüberschwang, den sie ärgerlich fanden, weniger wörtlich zu nehmen. So viel Fremdes die *Leiden des jungen Werther* enthalten mögen, so ist es doch ein nicht weniger kraftvolles und bleibendes Werk als *Rameaus Neffe,* und in der Geschichte der Aufrichtigkeit hat es eine nicht geringe Bedeutung.

Die Erzählung hat zwei Teile. Der erste ist ein Bericht über die Versuche des Helden, der fortschreitenden Auflösung zu widerstehen und ein ehrliches Bewußtsein zu bleiben. Der zweite Teil erzählt davon, wie er aus freier Entscheidung den Weg der Auflösung wählt. Werther, ein begabter junger Mann aus dem gehobenen Bürgertum, hofft eine Gefühlsverwirrung dadurch zu beruhigen, daß er eine Zeit in einer reizvollen ländlichen Gegend verbringt, wo er eine Familienangelegenheit regeln will. In seinen ersten Briefen an Wilhelm, seinen Vertrauten, gibt er keinen Grund an für seine innere Qual, die er an einer Stelle sein »wallendes Blut« nennt und die gar nicht zu seinem Auftreten in der

Welt paßt – er zeigt die Liebenswürdigkeit und Anmut eines jungen Prinzen einer Shakespeareschen Romanze, und trotz seiner bürgerlichen Herkunft hat er, was Frank Kermode im Zusammenhang mit dem *Sturm* den »Zauber des Adels« nennt, [32] nämlich jenen persönlichen Reiz, den die Romanzen den Kindern königlichen Geblüts als Zeichen ihrer angeborenen Tugend zuschreiben. In einem seiner ersten Briefe schreibt Werther: »Ich weiß nicht, was ich Anzügliches für die Menschen haben muß; es mögen mich ihrer so viele und hängen sich an mich.« Und Charlotte, die Lotte, in die er sich verliebt, hat denselben Zauber. Bei ihr jedoch ist er verbunden mit ihrer Tatkraft und mit den praktischen Dingen des Hauswesens. Lotte, deren Mutter vor kurzem gestorben ist, versorgt das Haus ihres Vaters und ihre zahlreichen Brüder und Schwestern. Sie erfüllt ihre Pflichten im Haus mit derselben Anmut, die auch ihrem Tanz und ihrem Gesang eigen ist. Die vielleicht schönsten Verse Shakespeares, Florizels Hymne auf Perdita, geben etwas von jener Anmut wieder, die Werther an Lotte bewundert.

What you do
Still betters what is done. When you speak, sweet,
I'ld have you do it ever. When you sing,
I'ld have you buy and sell so, so give alms,
Pray so, and for the ordering of your affairs,
To sing them too. When you dance, I wish you
A wave o' th' sea, that you might ever do
Nothing but that, move so, still so,
And own no other function. Each your doing,
So singular in each particular,
Crowns what you are doing in the present deed
That all your acts are queens.

Es ist demnach kein Zufall, daß die berühmte Szene, in der Lotte das Brot für ihre Kleinen schneidet, ihrem Aufbruch zum Tanz unmittelbar vorhergeht. Das Leben, das sie führt, ist so schlicht und aufrichtig wie

What you do ... Was du auch tust,/ Ist stets das Holdeste. Sprichst du, Geliebte,/ Wünsch' ich, du tätst dies immer; wenn du singst,/ Wünsch' ich, du kauftest, gäbst Almosen so,/ Sängst dein Gebet, tätst jedes Hausgeschäft/ Nur im Gesange; tanzest du, so wünsch' ich,/ Du seist 'ne Meereswell' und tätest nichts/ Als dies, stets in Bewegung, immerdar,/ Dies dein Gebärden. All dein Tun und Wirken,/ So auserlesen im Gewöhnlichsten,/ Krönt all dein Handeln, wie du's eben tust,/ Daß Königin ist jeglich Walten. (Übers. Dorothea Tieck.)

diese Szene, und es scheint den Bedürfnissen der verwirrten Seele Werthers genau zu entsprechen – wie alles in dieser Gegend für eine Weile. Werther findet einen Garten, wo er gerne verweilt und dessen Einfachheit und Wahrheit ihn entzücken – nicht ein systematischer Gärtner hat ihn angelegt, sondern ein fühlendes Herz. Die Natur, die ihn umgibt, ist unberührt, gebirgig und waldig. Er liest Homer und begeistert sich an wirklichen Zügen patriarchalischen Lebens. Es gibt da viele Kinder, die eigentlichen Verkörperungen der Aufrichtigkeit, und er liebt sie und sie lieben ihn. Ein junger Landarbeiter ist in eine Witwe verliebt, bei der er sein Brot verdient, und er ist glücklich bei dem Gedanken, daß seine Gefühle erwidert werden. Lotte sorgt für die Kranken und Alten. Das Leben hat seine Kümmernisse, doch Anmut vermag sie zu lindern. Wie Werther sagt, werden dem Menschen doch gewisse Freuden geschenkt. In der Einstellung des »ehrlichen Bewußtseins« ergreift er das Wort und redet »recht herzlich gegen die üble Laune«, die er eine Krankheit nennt, eine Art Trägheit des Geistes, dic durch Tätigkeit geheilt werden muß.

Seine eigenen Leidenschaften aber, sagt Werther, waren nie weit vom Wahnsinn, und damit meint er sie zu rühmen. Die archaische Welt, die idyllische Welt der Einfachheit und Aufrichtigkeit, des gerechtfertigten Lebens, ist also doch nicht die seine. Seine Liebe zu Lotte kann sich nicht tätig beweisen: die Ehe ist ein Stand, wie geschaffen für den braven, langweiligen Staatsbeamten Albert, mit dem Lotte, das ehrliche Bewußtsein *in excelsis,* verlobt ist. Für Werther, den Geist, der seine Freiheit sucht, ist die Ehe eine Unmöglichkeit.

Im zweiten Teil der Erzählung verändert die Welt ihr ganzes Wesen, wie auf Geheiß von Werthers Außersichsein. Nun ist sie nicht mehr von einer solchen Art, daß sie das ruhige ehrliche Bewußtsein freundlich aufnimmt. Alles, was früher von archaischem Adel schien, verfällt nun der Niederträchtigkeit. Werther selbst verliert jetzt seinen adligen Zauber, und die niederträchtige Welt verschließt sich seinem Reiz. Obwohl er als Sekretär eines Gesandten mit den gesellschaftlich über ihm Stehenden Umgang hat, wird er von oben herab behandelt und gedemütigt, als er einmal, ohne sich dabei, wie er sagt, etwas zu denken, in dem Zimmer bleibt, wo die vornehme Gesellschaft sich zu ihrer wöchentlichen Zusammenkunft versammelt. Dieser Vorfall ist der Beginn, wenn auch nicht die Ursache seiner Verzweiflung. Von nun an verstärkt alles in der äußeren Welt durch Schmerz und Verwirrung seine innere Verfassung. Er erfährt von dem Tod eines Kindes, mit dem er vergnügt gespielt hatte. Die guten Eltern des Kindes fallen in Armut. Der verliebte Bauernbursche sieht sein Liebesverhältnis gestört und tötet seine Herrin. Die herrlichen Nußbäume des Pfarrhofs werden von der unfreundlichen Frau des neuen Pfarrers abgehauen. »Ich soll«, sagt Werther, »ich soll nicht zu mir selbst kommen!« An dem Tag hat er auf den Feldern einen geisteskranken Mann getroffen, der von einer Zeit spricht, da er glücklich war. Seine Mutter erklärt, daß er die Zeit meint, da er rasend war und im Tollhaus in Ketten lag – »die Zeit, da er von sich war«. Nicht mehr Homer ist Werthers Lieblingslektüre, sondern Ossian, das zwanghafte Reden von Scheitern, Dunkelheit, Verzweiflung, das Auslöschen klarer Konturen und jeden Maßes, eine zerrissene und konfuse Welt.

Nur zum Teil glaubt Werther, daß all dieser Schmerz und diese Wirrnis des Daseins, die er beobachtet, für seine zunehmende Verzweiflung verantwortlich sind. Nicht durch seine Wahrnehmung, sondern durch seinen Willen hat die schöne Welt der ersten Hälfte des Romans dieser Welt des Leidens und der Nichtigkeit Platz gemacht. Die Welt, wie sie jetzt ist, ist die Welt, wie er sie sich erwählt hat, und die Engel könnten ihm, wie später Faust, zurufen, er habe die schöne Welt zerstört. Die Welt der Ordnung und Harmonie, des heilsamen Tuns, ist die »edle« Welt von Diderot-*Moi*, der einfachen Seele, des ehrlichen Bewußtseins, des heilen Selbst. Nur ein solches Selbst kann eine solche Welt erdenken, nur ein solches Selbst kann in ihr schwelgen. Und nur ein solches Selbst kann sich ihr unterwerfen. Werther kann es nicht, denn es ist die Welt der anerkannten Notwendigkeit, in der der Geist, wie Hegel es formuliert, kein »Fürsichsein« hat.

Freilich findet Werther durch die Zerrissenheit nicht zur Freiheit. Sein Selbstmord ist kein Sieg des Geistes, sondern eine Niederlage. Versuchen wir sein Scheitern nach dem Muster der Hegelschen Verherrlichung Rameaus zu erklären, dann können wir sagen, daß seine Entfremdung nicht weit genug ging. Es ist ihm nicht gelungen, zu jener Gleichgültigkeit gegen sich selbst zu kommen, in der Hegel den Triumph und die Bedeutung Rameaus erkennt. Der Neffe, so meint Hegel, verdient Bewunderung, weil durch ihn der Geist ein verächtliches Gelächter über das Dasein, über die das Ganze durchziehende Verwirrung und ebenso über sich selbst auszugießen vermag. Geist bedeutet hier *esprit*, er wird »geistreich«. Diesen verzweifelten kosmischen »Witz« zu verkörpern, ist Werther unfähig, Ironie ist ihm verschlossen. In allen Dingen ist er der redliche Mann, selbst in seiner Zerrissenheit kämpft er darum, dem Selbst, das er noch immer für sein eigenes halten muß, treu zu bleiben. Es ist sehr bezeichnend, daß Werther seine Aufrichtigkeit durch eine einzige und offenbar gleichbleibende Art sich zu kleiden ausdrückt – jeder in Europa kannte Werthers Kleidung, und viele ahmten sie nach, den blauen Frack mit gelber Weste und die Stiefel. Sorgfältig verzeichnet Goethe, daß Werther diese Kleidung trug, als er starb. Am Ende und sogar im Scheitern hielt er an dem Bild von einem einzigen wahren Selbst fest. Diese Hartnäckigkeit hat ihn vernichtet. Als zerrissenes Bewußtsein hätte er sich weiter an die Einfachheit des ehrlichen Bewußtseins klammern können.

III.
Daseinsgefühl und Kunstempfinden

1.

Obwohl die Darstellung der beiden historischen Formen des Selbst, des »ehrlichen« und des »zerrissenen Bewußtseins«, die Hegel in der *Phänomenologie* gibt, die zeitgenössische kulturelle Situation unmittelbar und zwingend charakterisiert, ist sie in der englischsprachigen Literatur, die sich mit der Kultur der Moderne beschäftigt, so gut wie unbeachtet geblieben. Diese befremdliche Tatsache ist wahrscheinlich aus eher beiläufigen Umständen zu erklären – durch die sprichwörtliche Schwierigkeit der *Phänomenologie* überhaupt und den zweifelhaften Ruf, den ihr Verfasser in akademischen Kreisen Englands und Amerikas genießt – und nicht so sehr aus der Entschlossenheit, sich dem Gedanken Hegels zu verschließen. Man müßte an sich eine ganz andere Einstellung erwarten, wenn man daran denkt, welche Beachtung Nietzsches *Geburt der Tragödie* mit den dort entwickelten Prinzipien des Apollinischen und Dionysischen gefunden hat. Hierbei handelt es sich freilich nicht um historische Formen des Selbst, sondern um ewige Formen der Kunst und des Daseins. Gleichwohl besteht ein offensichtlicher Zusammenhang mit dem »ehrlichen« und dem »zerrissenen Bewußtsein«, und die Zustimmung, die die beiden Begriffe Nietzsches gefunden haben, gibt zu der Vermutung Anlaß, daß die Hegelschen Begriffe als ähnlich zwingend empfunden würden. Das apollinische Prinzip ist das Prinzip positiver Zwecksetzungen und manifester Vernunft und Ordnung. Es hängt zusammen mit Licht, Sehen und den bildenden Künsten. Das dionysische Prinzip ist seine Negation. Es versucht Grenzen und Unterscheidungen auszulöschen. Es ist gleichgültig gegen Lust und Schmerz, sein Ziel ist die Ekstase und die Auslöschung des individualisierten Selbst. Die zu ihm gehörige Kunst ist die Musik oder zumindest eine Musik, die das Selbstgefühl überwältigt und auflöst.

Wenn wir der Geschichte des Selbst zu folgen versuchen, dann sind wir uns natürlich dessen bewußt, daß wir mit Schatten in der Dunkelheit umgehen. Unsere Aussagen müssen unsicher und unsere Schlußfolgerungen können nur spekulativ sein. Aber wir können uns trotzdem des Eindrucks nicht erwehren, daß der Konflikt zwischen »ehrlichem« und »zerrissenem Bewußtsein« in unserer Zeit offen zum Ausbruch gekommen ist und daß die Dialektik zwischen apollinischem und dionysischem Prinzip sich nicht mehr in derselben Weise äußert. Trotz aller Skepsis können wir uns dem Eindruck nicht verschließen, daß die Auffassung des Selbst sich tiefgreifend verändert hat. Besonders auffällig zeigt sich das daran, daß der Individuierung ein geringerer Wert zugemessen wird. Heute gibt es beispielsweise kaum einen Leser der *Geburt der Tragödie*, der der Nietzscheschen Lehre, daß die Tragödie aus einer wirklichen Dialektik zwischen Apollo und Dionysos resultiert, Glauben schenkte. Gewöhnlich sieht man in Dionysos die Hauptfigur der großen Abhandlung, den eigentlichen Genius der Tragödie, während Apollo als eine etwas langweilige untergeordnete Gestalt erscheint, die bloß mit praktischen Details der Form zu tun hat. Zwar warnt Nietzsche uns ausdrücklich vor dieser einseitigen Ansicht, aber bis zu einem gewissen Grade ist er selbst für diese Deutung verantwortlich. Seine Erregung über die Entdeckung des dionysischen Prinzips wirkt ansteckend.

Jede hellsichtige Darstellung der künstlerischen Entwicklung der letzten Jahrzehnte wird unvermeidlich auf Niederlagen zu sprechen kommen, die das »ehrliche Bewußtsein« erlitten hat. Ein Buch von Wylie Sypher umschreibt diesen Sachverhalt schon in seinem Titel einigermaßen bündig: *Loss of Self in Modern Literature and Art* – Verlust des Selbst in der modernen Literatur und Kunst. Sypher meint, daß das mit dem Stichwort Humanismus bezeichnete Ideal in gewissen Grenzen vielleicht noch vertretbar ist, dies aber nur, wenn wir es nicht mit einer Art von Selbstsein vermischen, welche er als »romantische Individualität« bezeichnet. Er sagt: »Das Bild des Selbst, das in vergangenen Epochen Gültigkeit besaß, ist vollkommen aus der Welt verschwunden...« [33]

Diese These von der Auslöschung jenes alten Bildes vom Selbst wird durch das bekräftigt, was wir über das verdiente Schicksal der Psychologie zu hören bekommen. Bestimmte Romanautoren und Kritiker belehren uns darüber, daß die Psychologie, zumindest für die Literatur, keinerlei Aussagekraft besitze und daß die Einführung der Psychologie in den Roman die Reinheit dieser Gattung nur trüben könne und vielleicht seit je getrübt habe. Das erscheint uns – wenigstens den Älteren unter uns – verwirrend. Das Bild vom Selbst, mit dem wir groß geworden sind, schien vorauszusetzen, daß es so etwas wie Psychologie gibt. Daß wir eine Seele haben, wissen wir, weil sie uns Schwierigkeiten bereitet. Unser beständigstes und verläßlichstes Bewußtsein unserer selbst folgt aus der Erfahrung dieser Schwierigkeiten. Da wir gelernt haben, daß der Roman in charakteristischer Weise von Menschen handelt, die uns in ihrem Selbstsein im wesentlichen gleich sind, bleibt uns verschlossen, was ein Literaturtheoretiker wie Robbe-Grillet damit meinen mag, wenn er sagt, daß der Roman, um zu überleben, auf seine alte Bindung an die Psychologie verzichten müsse. Doch wir brauchen nur ein wenig ehrlich zu sein, um zu erkennen, wie sehr die detaillierte Ausbreitung psychologischer Vorgänge uns langweilt, wo wir ihr in der zeitgenössischen Literatur begegnen. Als wir beispielsweise *Portnoy's Complaint* von Philip Roth lasen, waren wir ohne Frage gefesselt. Letztlich aber ließ uns das ganze Getue auf der Couch des Analytikers über die emotionalen Folgen der Tatsache, eine Mutter zu haben, Jude zu sein, zu dieser oder jener Unterschicht zu gehören und darüber, was eine normale, gesunde Sexualität ist und was sie begünstigt oder verhindert, vollkommen gleichgültig. Was auch immer solche Überlegungen in unserem Privatleben noch bedeuten mögen, als Gegenstand der Kunst scheinen sie unsere Phantasie nicht mehr in der alten Weise beanspruchen zu können.

Sogar in unserem Privatleben scheinen diese oder ähnliche Sorgen nicht mehr dieselbe Rolle zu spielen wie früher. Anna Freud hat in einem Vortrag zum 112. Geburtstag ihres Vaters darauf hingewiesen, wie fremd die Psychoanalyse jungen Menschen heute geworden ist. Anna Freud hat diese kulturelle Tatsache lediglich festgestellt, ohne den Versuch zu machen, eine Erklärung dafür zu geben. [34] Eine partielle Erklärung dafür zu finden, ist sicherlich nicht schwer. Als Freuds Gedanken zuerst bekannt wurden und man sie als skandalös empfand, faßte man die für sie zentrale Anerkennung ungehemmter Triebregungen irrtümlich so auf, als wollte Freud damit der Herrschaft der Triebe das Wort reden, ohne zu berücksichtigen, daß damit das sozialisierte Selbst negiert würde. Dann freilich begriff man, daß die Psychoanalyse durchaus keine dionysische Tendenz hat, sondern ganz im Dienste des apollinischen Prinzips steht, denn sie versucht das »ehrliche Bewußtsein« im Selbst zu stärken, das seinerseits auf Zwecke ausgerichtet ist und Grenzen klarsichtig anerkennt. Die negative Haltung zur Psychoanalyse, die man zunehmend, und dies nicht nur bei der Jugend, antrifft, zeigt nicht nur, daß ihre normativen Annahmen abgelehnt werden und man ihrer Lehre gesellschaftliche Konformität unterstellt, sondern darin drückt sich auch eine Bejahung der unreglementierten Natur des Selbst und seines Anspruchs auf eine so weitgehende Autonomie aus, daß alle systematischen Aussagen darüber entweder als unzumutbar reduktiv, als grundlos präskriptiv oder als irrelevant aufgefaßt werden.

Tatsächlich spricht alles dafür, daß Hegel recht hatte, als er die Vorherrschaft des »zerrissenen Bewußtseins« heraufkommen sah und das »ehrliche Bewußtsein« der Verachtung der Geschichte auslieferte. Seine Voraussicht erscheint noch erstaunlicher, wenn wir berücksichtigen, wie weit er über die manifeste geistige Situation der Zeit, in der er schrieb, hinauszuschauen vermochte. Die soziale und politische Welt jener Zeit war ganz vom »ehrlichen Bewußtsein« geprägt und ganz auf es abgestellt. Es stimmt natürlich, daß das »zerrissene Bewußtsein« damals anfing, die Bastionen des »ehrlichen Bewußtseins« zu unterwandern, und der Literar- und Kulturhistoriker lenkt seine Aufmerksamkeit gewöhnlich auf diese glanzvollen und verzweifelten Angriffe. Das »ehrliche Bewußtsein« jedoch hatte diese Bastionen errichtet und bemühte sich nun, sie uneinnehmbar zu machen. »Mach deinen Byron zu und schlag deinen Goethe auf!« – in dieser berühmten Aufforderung Carlyles spricht die herrschende Intention der Zeit sich aus. Carlyle meinte den frühen Byron von *Childe Harold* und *Manfred* und nicht den Goethe der *Leiden des jungen Werther*, es sei denn so, wie Goethe selbst dieses Werk verstand, als Niederschrift einer Krankheit, von der er genesen mußte, ehe er, wie Carlyle es formuliert hat, »ein Mann werden konnte«. Carlyle beschwor einen moralisch affirmativen Goethe, dem »Streben« eine Garantie der Erlösung bedeutete und Entsagung als Gesetz des Lebens galt. Das war der tätige Goethe, der Kulturheros, der positive praktische Ziele vor Augen hatte. So geringschätzig Matthew Arnold von Carlyles Betrachtungsweise der Dinge dachte, so waren beide doch einig in ihrer Bewunderung Goethes. Seine Größe lag für sie darin, daß er dem Universum selbst glich, das ihrer Überzeugung nach, wie das »ehrliche Bewußtsein«, positive Zwecke hatte und sie, sozusagen in aufrichtiger Bemühung, zu verwirklichen suchte.

In seinem einschlägigen Werk über Literatur und Aufrichtigkeit vertritt Henri Peyre ausdrücklich die These, daß Aufrichtigkeit – *sincérité* –

vorzüglich ein französischer Begriff sei aufgrund der langen und intensiven Bemühungen, die die Franzosen ihm gewidmet haben. [35] So gewagt diese Behauptung ist, so weist sie doch darauf hin, daß es nationale Unterschiede der Aufrichtigkeit gibt und man zwischen ihrer französischen und englischen Form differenzieren muß. In der französischen Literatur bedeutet Aufrichtigkeit, daß man sich selbst und anderen die Wahrheit über sich selbst erzählt, und unter Wahrheit versteht man die Erkenntnis von eigenen Charakterzügen und Handlungsweisen, die moralisch oder gesellschaftlich entehrend sind und gewöhnlich verborgen gehalten werden. Die englische Aufrichtigkeit verlangt nicht, daß man sich in dieser Weise dem konfrontiert, was an Niedrigem und Beschämendem in einem sein mag. Vom aufrichtigen Mann erwarten die Engländer, daß er sich ohne Täuschung und Irreführung mitteilt. Es ist nicht mehr gefordert als eine zielstrebige Hingabe an eine Aufgabe, die etwas Verpflichtendes für einen hat. Die englische Aufrichtigkeit besteht nicht darin, sich selbst zu erkennen, wie die Franzosen, und was man weiß mitzuteilen, sondern man muß im Handeln, in Taten, in dem, was Matthew Arnold *»tasks«*, Aufgaben, nennt, man selbst sein.

Eines der entscheidenden kulturellen Ereignisse der Moderne ist die Verschmelzung dieser beiden nationalen Formen von Aufrichtigkeit, der französischen und der englischen, in dem Temperament eines Schweizers gewesen. Rousseau beginnt seine *Bekenntnisse* damit, daß er sich seiner französischen Aufrichtigkeit rühmt, sie sei einzig in ihrer Vollkommenheit. »Ich beginne ein Unternehmen, das ohne Beispiel ist und das niemand nachahmen wird. Ich will meinesgleichen einen Menschen in seiner ganzen Naturwahrheit zeigen, und dieser Mensch werde ich sein.« Wenn die Posaune des Jüngsten Gerichts erschallen werde, sagt er, werde er sich vor den Höchsten Richter stellen können mit diesem Buch in der Hand, in dem er sich als gut, edelmütig und groß, aber auch als verächtlich und niedrig dargestellt habe. »Ewiges Wesen, versammle um mich die unzählbare Schar meiner Mitmenschen; sie sollen meine Bekenntnisse hören, über meine Nichtswürdigkeit seufzen und über meine Nöte erröten. Jeder von ihnen enthülle seinerseits sein Herz mit der gleichen Aufrichtigkeit zu den Füßen deines Throns, und dann möge auch nur einer dir sagen, wenn er es wagt: Ich war besser als dieser Mensch da!«

In der Behauptung seiner unüberbietbaren Aufrichtigkeit ist Rousseau auch nicht im geringsten bereit, Zugeständnisse zu machen. Die Ansprüche seines engsten Rivalen werden ohne weiteres abgewiesen – wiederholt und eindeutig äußert er sich voller Verachtung über Montaignes gespielte Aufrichtigkeit. »Ich habe stets über die falsche Naivität Montaignes gelacht«, sagt er mit großer Gebärde, »der, während er scheinbar seine Fehler eingesteht, doch sehr darauf bedacht ist, sich nur liebenswürdige Fehler beizulegen, während ich, der ich mich insgesamt genommen stets für den Besten der Menschen gehalten habe und noch halte, erkenne, daß es kein menschliches Innere gibt, das nicht irgendein hassenswertes Laster verbirgt, so rein es auch sein möge.«* Über sein eigenes Aussprechen der Wahrheit sagt er nur die lautere Wahrheit. Er schreckt nicht davor zurück, sich selbst in den Augen der Welt zu verletzen. Es fällt uns dabei nicht leicht, mit Rousseaus mangelnder Selbstachtung in seiner Jugend zurechtzukommen, seine sexuellen Abartigkeiten machen ihn nicht gerade anziehend, und einiges von dem, was er impulsiv getan zu haben bekennt – seinen Reisegefährten im Stich zu lassen, als er in einer fremden Stadt bei Nacht auf der Straße einen epileptischen Anfall bekommt, oder das brave Dienstmädchen zu beschuldigen, es habe das Band an sich genommen, das er selbst gestohlen hatte –, ist von abstoßender Niederträchtigkeit.

Von sich selbst spricht er als von einer *âme déchirée*. Das entspricht ziemlich genau dem »zerrissenen Bewußtsein«, und tatsächlich zeigt er die Züge, die Hegel diesem Bewußtsein zuschreibt, einschließlich dessen, daß er sich wie ein Höfling aufführt und gleichzeitig die Grenzen des Schamgefühls verletzt. Daß er die Zerrissenheit hoch einschätzte, steht außer Zweifel: er glaubte, daß sie und nicht die Unversehrtheit des Geistes den Weg zur Erkenntnis wies. Gleichzeitig jedoch sehnte er sich nach dem »ehrlichen Bewußtsein« in seiner Unversehrtheit und er entdeckte, daß das irdische Glück des Menschen auf der zielstrebigen Erfüllung bestimmter »Aufgaben« beruhte. Im Mittelpunkt von Rousseaus politischem Denken stand, was ich die englische Aufrichtigkeit genannt habe.

* Ellen S. Silber schreibt in ihrer Untersuchung über Rousseau und Montaigne (Columbia University Dissertation, 1968, S. 127–128): »Rousseaus Bemerkungen über Montaignes Mangel an Aufrichtigkeit in der Einleitung zum Manuskript der *Confessions* von 1764 sind ein regelrechter Angriff auf die Redlichkeit des Verfassers der *Essais.*« Der Tenor dieser Bemerkungen klingt bereits im ersten Satz der Passage an, die Ellen S. Silber zitiert: *»Je mets Montaigne à la tête de ces faux sincères qui veulent tromper en disant vrai«* (Montaigne setze ich an die Spitze jener falschen Aufrichtigen, die täuschen wollen, indem sie die Wahrheit sagen).

Die Schrift, die Rousseaus Ruhm begründete, war die sogenannte *Erste Abhandlung*, in der der Begriff der Aufrichtigkeit eine entscheidende Rolle spielt. Die Abhandlung ist eine Antwort auf die von der Akademie zu Dijon vorgelegte Frage, »ob die Wiederherstellung der Wissenschaften und Künste zur Läuterung der Sitten beigetragen hat«. Wir wissen natürlich, daß die Antwort negativ ausfällt, doch wenn wir versuchen, Rousseaus Argument zu paraphrasieren, ohne den Text vor uns zu haben, fällt es uns schwer, es genau zu treffen. Wahrscheinlich werden wir der Wendung »die Wissenschaften und Künste« eine einheitliche und allgemeine Bedeutung geben, derart, daß sie die Zivilisation als ganze meint, und Rousseaus These werden wir wohl so deuten, daß die Zivilisation keineswegs die Sitten läutere, sondern die elementare Wesensnatur des Menschen korrumpiert habe. Diese Formulierung trifft zwar die Intention Rousseaus einigermaßen, doch entspricht sie nicht dem, was er in der *Ersten Abhandlung* sagt. Dies steht so sehr im Widerspruch zu unseren gewohnten Vorstellungen, daß wir uns nicht ohne weiteres damit abfinden können, daß er es wirklich sagt. Seine These ist, daß die Ausübung der Wissenschaften und der Künste ein in besonderem Maße korrumpierender Zug der Zivilisation ist. Seine Betonung liegt auf den Künsten, worunter er in erster Linie die Literatur versteht. Vor allem die Literatur ist verantwortlich für die Verderbtheit des Menschen, sie ist wesentlicher oder paradigmatischer Ausdruck der der zivilisierten Gesellschaft innewohnenden Falschheit. Die Literatur ist eine Äußerungsform des für die Gesellschaft konstitutiven Prinzips, daß der Einzelne auf persönliche Autonomie verzichtet, um den Vorrang vor den anderen und ihre Wertschätzung zu gewinnen. Gleich am Anfang der *Ersten Abhandlung* sagt Rousseau, der hauptsächliche Nutzen literarischer Beschäftigungen müsse darin gesehen werden, »daß sie die Menschen geselliger [lies: fügsamer] machten, indem sie ihnen das Verlangen einflößten, einander durch Werke zu gefallen, die ihres wechselweisen Beifalls würdig waren«. [37]

Die Vorstellung, daß die Gesellschaft zwar für das Überleben nötig ist, aber zugleich das Leben, das sie möglich macht, verdirbt, ist uns vertraut, und bis zu einem gewissen Grade stimmen die meisten von uns diesem Gedanken zu. Doch daß die Literatur ein Komplize dieses gesellschaftlichen Verrats sein soll, das nehmen wir nicht mit der gleichen Toleranz hin. Um die Kunst, die wir lieben und der wir vertrauen, zu verteidigen, lehnen wir uns heftig gegen die These Rousseaus auf, die Literatur entspringe aus dem Bedürfnis »zu gefallen« und sei gekennzeichnet durch einen »einförmigen und betrügerischen Schleier der Höflichkeit« und jene »gepriesene Feinheit der Sitten (...)«, welche wir der Aufklärung unseres Jahrhunderts verdanken. Wir meinen, daß Rousseau die Literatur offensichtlich von einem räumlich wie zeitlich zu begrenzten Standpunkt aus betrachtet. Die Intention der großen Werke der Vergangenheit, ganz zu schweigen von denen der damals beginnenden Epoche, läßt sich durch den schlichten und sklavischen Zweck des »Gefallens« ganz gewiß nicht erfassen. Die Literatur, der unsere Bewunderung und Dankbarkeit gehört, erfüllt ihre Funktion gerade dadurch, daß sie den falschen Schleier der Höflichkeit zerreißt und Zugeständnisse an die feinen Umgangsformen verweigert.

Dieser Einwand trägt zwar unserer Liebe zur Literatur Rechnung, aber vermag nicht wirklich zu entkräften, was Rousseau über sie sagt. Er formuliert seinen Angriff zwar mit den Ausdrucksmitteln einer bestimmten ästhetischen Doktrin, die in der Renaissance aufgekommen war und zu seiner Zeit noch Einfluß besaß, heute aber völlig außer Kurs gekommen ist, doch seine Fragestellung ist durchaus nicht anachronistisch. Sein wirkliches Thema ist die wachsende Bedeutung der Literatur in der modernen Welt, ihr Verhältnis zu der neuen gesellschaftlichen Umgebung, von der ich gesprochen habe, und die wachsende Macht des *Publikums*, jenes menschlichen Gebildes, das durch seinen urbanen Lebensraum, durch seine Massenhaftigkeit und die Leichtigkeit definiert ist, mit der es sich der Meinung öffnet. Der Einzelne, der unter diesen neuen Bedingungen lebt, ist der ständigen Beeinflussung – im wörtlichen Sinne des Einströmens auf ihn – durch die Gedankengänge der anderen ausgesetzt. Sein Bewußtsein wird dadurch in dem Maße, in dem es durch sie angeregt und erweitert wird, immer weniger sein eigenes sein. Es wird für ihn immer schwieriger, zu erkennen, was sein eigenes Selbst ist und was es heißt, sich selbst treu zu sein. Rousseaus berühmter Wilder, den eine vollkommene Autonomie des Bewußtseins auszeichnet, ist ein Gegenbild zu den psychischen und moralischen Folgen der modernen Lenkung durch die Öffentlichkeit. »Der wilde Mensch lebt in sich«, sagt Rousseau in der *Zweiten Abhandlung*, »der gesellige hingegen ist immer außer sich und lebt nur in der Meinung, die andre von ihm haben. Selbst die Empfindung seines Daseins nimmt er nur aus ihrem Urteil.« Unter den Instanzen der modernen Gesellschaft, die die Meinung bilden, sie wirksam machen und auf diese Weise das Daseinsgefühl des Einzelnen kontrollieren und bestimmen, spielt die Literatur in Rousseaus Augen eine besondere Rolle.

Der Angriff gegen die Literatur in der *Ersten Abhandlung* könnte durch die Allgemeinheit und Abstraktheit seiner Begrifflichkeit bloß spitzfindig wirken. Als Rousseau jedoch acht Jahre später, im Jahre 1758, seine Anklage wiederholt, tut er es in einer Schrift, die in einer fast zwanghaften Weise spezifisch und konkret ist. Im *Brief an d'Alembert über das Schauspiel* beschäftigt sich Rousseau mit den besonderen Übeln, die die Folge wären, wenn man die literarische Gattung des Schauspiels in eine bestimmte Gesellschaft einführen würde. Es ist die Gesellschaft seiner Heimatstadt Genf, die er so positiv beurteilt, wie dies für eine moderne Gesellschaft nur möglich ist. Es handelt sich um eine bürgerliche Gesellschaft von beträchtlichem Wohlstand, die der Form ihrer politischen Organisation nach republikanisch ist. Was Rousseau an Genf bewundert, ist der Gegensatz seiner Sitten und Gebräuche zu denen von Paris. Trotz des dort herrschenden Wohlstandes besitzt Genfs Lebensform Eigenschaften, die man gewöhnlich nur in viel einfacheren Gesellschaften antrifft. Zum Beispiel verbindet die Bürger Genfs ein brüderliches Gefühl, wie Lévi-Strauss es bei einigen Stämmen, über die er in *Traurige Tropen* berichtet, beobachtet hat und es rühmt. Besonders hoch veranschlagt Rousseau die Wirkung, die die sogenannten »Zirkel« – kleine für Geselligkeit und sportliche Betätigung geschaffene Männervereine – auf das soziale und moralische Klima ausüben.* In seinem Artikel über Genf in der *Encyclopédie* hatte d'Alembert die Ansicht geäußert, daß es, um die Annehmlichkeit der Stadt vollkommen zu machen, nötig sei, dort ein Theater zu errichten. Diesen Vorschlag weist Rousseau mit rationaler Empörung zurück. Sein Einwand gegen das Schauspiel entspricht im wesentlichen dem, was er in der *Ersten Abhandlung* gegen die Literatur im allgemeinen eingewandt hatte, daß sie nämlich die Wirklichkeit und Autonomie des Selbst einschränke.

Der These, daß das Theater der moralischen Aufklärung förderlich sei, widerspricht Rousseau mit ungeduldiger Ungläubigkeit. Der Zweck des Theaters ist, zu gefallen, und ein moralisches Urteil auf dem Theater wird nur insoweit akzeptiert, als es gefällt, das heißt, soweit es die vorgefaßten Ansichten der Zuschauer bestätigt und ihnen schmeichelt. Die allgemeine Wirkung des Theaters besteht nicht darin, den Zuschauer

* Die antipariserische und antimoderne Tendenz des *Briefes an d'Alembert* zeigt sich in keinem Punkt so deutlich wie in seinem Widerstand gegen den Einfluß der Frauen. Man kann ihn zwar nicht frauenfeindlich nennen, doch seine Ansichten über die Geschlechter und ihre Beziehungen zueinander orientieren sich, wie vieles andere in dieser Schrift, an Sparta.

zu bessern, sondern »die natürlichen Neigungen zu vergrößern und allen Leidenschaften neuen Nachdruck zu geben«. [39] Mit der Theorie der tragischen Katharsis, die im ästhetisch-moralischen Denken eine so ehrwürdige Rolle spielen sollte, wollte Rousseau nichts zu schaffen haben. Der Gedanke, daß das Theater die Leidenschaften läutere, indem es sie errege, war ihm, wie er selbst sagt, vollkommen verschlossen, und er konnte sich nicht vorstellen, daß diese These aus redlicher Überzeugung aufgestellt worden war: »Sollte man erst rasend und närrisch werden müssen, wenn man klug und vernünftig werden will?«

»Ich zweifle sehr«, sagt er an einer Stelle, »ob nicht jeder, dem man vorher die Verbrechen Phädras oder Medeas erzählt, sie weit mehr am Anfang als am Ende des Stücks verabscheuen würde...« Rousseaus Skepsis gegenüber der unmittelbaren moralischen Wirkung der Tragödie bereitet Nietzsches These vor, in der Tragödie zeige sich die metaphysische Bestimmung des Menschen, die Moral zu transzendieren. Natürlich hätte Rousseau selbst diesen Gedanken unmöglich formulieren können – trotz allem, was er über die Korruption des Menschen durch die Gesellschaft sagt, ist für ihn das Schicksal des Menschen in das gesellschaftliche Leben eingelassen, welches seine rechte Daseinsform nur durch die unerschütterliche moralische Rechtschaffenheit der einfachen Seele finden kann. Das Theater verbildet diese Einfachheit und setzt an die Stelle moralischer Rechtschaffenheit eine sich selbst täuschende moralische Sensibilität. »Was kann man im Grunde von einem Menschen noch erwarten, wenn er hingeht und schöne Handlungen in Fabeln bewundert und eingebildete Unglücksfälle beweint? Ist er nicht mit sich selbst zufrieden? Freut er sich nicht seiner schönen Seele? Hat er sich nicht der Pflichten, welche er der Tugend schuldet, durch die Huldigung entledigt, die er ihr eben darbrachte?« [40]

Der Zuschauer, so kann man sagen, läßt sich durch die charakteristische Schauspielerkrankheit anstecken und erleidet eine Schwächung des Selbstseins, die die Folge der Darstellung anderer Personen ist. Rousseaus Verdammung des Schauspielergewerbes ist der Platons nicht unähnlich, entspricht ihr aber nicht genau. Platon zufolge wird die Seele des Schauspielers durch die Identifikation mit den moralisch tieferstehenden Charakteren, die er in seinen Rollen verkörpert, verdorben – die Rolle eines Sklaven führe zu einer sklavischen Haltung, die einer Frau verweichliche und die eines Schurken mache böse. Die von Rousseau beklagte Schauspielerkrankheit besteht demgegenüber darin, daß der Schauspieler, insofern er überhaupt Personen darstellt, seine eigene Existenz als Person schwächt – seine Kunst ist es, sich selbst nachzumachen und einen anderen Charakter als den eigenen anzunehmen.* Was der Schauspieler im höchsten Grade erleidet, das widerfährt auch dem Zuschauer in einem bestimmten Maße, insofern er sich in die Person auf der Bühne – mit einem modernen Wort zu sprechen – einfühlt.

Rousseau gibt sich alle Mühe, deutlich zu machen, daß seine Opposition gegen das Theater nicht auf einer puritanischen Ablehnung des Vergnügens beruht, sondern einzig und allein auf seiner Beobachtung, wie sehr die Kunst der Bühne das Selbst verfälscht und auf diese Weise dazu beiträgt, die Gesellschaft zu schwächen. »Wie?« fragt er, »soll es in einer Republik denn gar kein öffentliches Schauspiel geben?«, um sich sofort selbst die Antwort zu geben: »Im Gegenteil, man braucht sogar viele...« Einer Republik angemessen sind Schauspiele, an denen der Bürger persönlich teilnimmt und die ihn in seinem eigenen Daseinsgefühl und in seiner Beziehung zu seinen Mitmenschen stärken. »Man glaubt, sich zum Schauspiel zu versammeln, dort aber trennt sich jeder von jedem, man vergißt seine Freunde, Nachbarn und Verwandten, um sich mit Märchen aufzuhalten, um traurige Schicksale längst Verstorbener zu beweinen oder auf Kosten der noch Lebenden zu lachen.« Statt dieser in sich »sich abschließenden Schauspiele..., bei denen eine kleine Zahl von Leuten in einer dunklen Höhle trübselig eingesperrt ist, furchtsam und unbewegt in Schweigen und Untätigkeit verharrend«, solle es freie und festliche Versammlungen »in frischer Luft und unter freiem Himmel« geben, bei denen nichts *gezeigt* wird. Bei

* Das klassische Argument gegen die These, daß der Schauspieler durch seine Übernahme von Rollen persönlich affiziert oder gar verdorben werde, findet sich bei Diderot in seinem zwischen 1775 und 1778 geschriebenen, aber erst 1830 veröffentlichten *Paradoxe sur le comédien.* Theodore Ziolkowski verdanke ich den Hinweis, daß Rousseaus Kritik am Schauspielerberuf im Zusammenhang gesehen werden sollte mit der Revolte, die in Frankreich und Deutschland um 1750 gegen den etablierten rhetorischen Stil der Schauspielkunst und ihre sechs konventionellen Gebärden ausgerufen wurde. Ziolkowski zeigt in seinem Aufsatz »Language and Mimetic Action in Lessing's *Miss Sara Sampson*« (*The Germanic Review*, Nov. 1965, S. 262–76), daß die Neuerer darüber uneins waren, ob die von ihnen angestrebte Natürlichkeit am besten dadurch erreicht wurde, daß der Schauspieler »das Gefühl, das er auf der Bühne darstellen sollte, in sich selbst hervorbrachte«, so daß die passenden Gebärden und der Gesichtsausdruck sich dann von selbst einstellen würden, oder ob der Schauspieler im Gegenteil »kühl und objektiv« bleiben und eine »Vielzahl körperlicher Techniken beherrschen sollte, um dadurch eine Gefühlsbewegung vorzutäuschen, die er nicht verspürte«. Dieser Streit ist natürlich auch heute noch nicht entschieden.

diesen Gelegenheiten glücklicher Gemeinschaftlichkeit wird es Spiele geben und athletische Wettkämpfe, Regatten, Paraden und Preisverleihungszeremonien. »Stellt die Zuschauer zur Schau, macht sie selbst zu Darstellern, sorgt dafür, daß ein jeder sich im andern erkennt und liebt.« [41]

Noch vor einigen Jahren hätte man auf Rousseaus Vorstellung von künstlerischer Kultur entschieden negativer reagiert als heute, wo man vielfach glaubt, die Teilnahme sei der Darstellung vorzuziehen, mit dem Ziel, daß wir uns selbst in anderen lieben lernen. Doch die Ehrfurcht vor der Kunst, zu der die meisten von uns erzogen sind, wird uns eher Peter Gay beipflichten lassen, wenn er in seinem Buch über die Aufklärung meint, daß wir es hier mit Rousseau »in seiner unerfreulichsten Form« zu tun haben. [42] Weiter bemerkt er, daß diese Seite des Rousseauschen Denkens auch dann abstoßend wäre, wenn wir dadurch nicht an die Kulturprogramme totalitärer Gesellschaften erinnert würden. Das ist sicher richtig, doch unser rasches Mißfallen sollte uns nicht verleiten, einen wichtigen Teil der Rousseauschen Intention zu übersehen, der nicht durch Erwägungen der Moral und der Nützlichkeit bestimmt, sondern durchaus ästhetischer Natur ist, auch wenn die Schönheit, die gemeint ist, nicht die Schönheit von Kunstwerken, sondern von wirklichen Personen ist. Rousseau geht es darum, einen Menschentypus zu fördern, dessen Wesensmerkmal Autonomie ist und der den Willen und die Kraft besitzt, zwischen den Elementen unseres erzwungenen Lebens in der Gesellschaft entschlossen zu wählen. Man kann es so formulieren, daß er ästhetisch von der Schäbigkeit dessen abgestoßen ist, wofür David Riesman vor mehr als zwanzig Jahren den Ausdruck »außen-geleitete Persönlichkeit« geprägt hat und die er in unserer Gesellschaft immer mehr in den Vordergrund treten sah. [43] Es handelt sich um eine Art von Persönlichkeit, deren ganzes Wesen darauf eingestellt ist, die vom Konsens ihrer Mitmenschen und den kulturellen Institutionen ausgesandten Signale aufzufangen, und darauf in einem solchen Maße angewiesen ist, daß sie kaum noch ein Selbst, sondern eher dessen wiederholte Verkörperung ist. Soweit können wir mit Rousseau sicherlich übereinstimmen. Auch wir ziehen die Selbstgenügsamkeit und Selbstbestimmung der beiden anderen von Riesman beschriebenen Persönlichkeitstypen vor, den archaischen Typus, den er »innen-geleitet« nennt, was zumindest den Anschein von Autonomie hat und ihrem Ideal folgt, und den hypothetischen Typus, der wirklich selbst-geleitet ist.

Es ist aber eine unserer liebsten Überzeugungen und in unserem entwickelten Erziehungssystem fest verankert, daß Kunst die persönliche Autonomie fördert. Rousseau behauptet gerade das Gegenteil. Vor zwanzig Jahren wäre es uns absurd vorgekommen, wenn jemand diese unsere Lieblingsüberzeugung in Frage gestellt hätte, und selbst heute erscheint es uns unangebracht, sie einfach umzudrehen und, wie Rousseau, zu behaupten, die Kunst sei ein Mittel der Anpassung und wirke dem Gefühl des eigenen Daseins entgegen. Die niedere, triviale und kommerzielle Kunst hat man immer für verderblich gehalten. Nicht so die ernste Kunst, eine Kunst, die offen oder implizit der herrschenden Kultur feindselig gegenübersteht – durch sie und nichts sonst wird das autonome Selbst entwickelt. Gegenwärtig scheint es aber so zu sein, daß bestimmte Veränderungen in der Ökologie der Kunst unser Vertrauen darauf geschwächt haben. Eine bisher nie dagewesene Verbreitung der Kunst, die Mühelosigkeit, mit der sich ehedem esoterische und abweisende Kunstformen heute durchsetzen, die faszinierende Verbindung populärer und kommerzieller Kunst mit dem, was früher als fortschrittliche Kunst bezeichnet wurde – all dies spricht nicht für die alte Überzeugung, daß die persönliche Autonomie durch Kunst gefördert wird. Man kann zwar sagen, daß die Kunst dem Einzelnen einige kostbare kulturelle Energien zuführt, ihn neue Wege einschlagen läßt und seinen Sinn für Individualität in einer Weise stärkt, wie dies in sozialen Enklaven, die an ästhetischen Vorlieben orientiert sind, möglich ist. Aber das ist nicht Autonomie: die Regel, das Gesetz wird von anderen vorgeschrieben. Nicht mehr und nicht weniger als dies hat Rousseau behauptet, der in einer Zeit lebte, in der die neue meinungsbildende Macht der Kunst bereits erkennbar wurde.

2.

Von Rousseaus allgemeinem Verdammungsurteil über die Literatur bleiben zwei Gattungen ausgenommen, die er für unproblematisch hält, weil sie die Integrität des ehrlichen Bewußtseins nicht in Frage stellen und seine Aufrichtigkeit nicht schwächen. Eine dieser Gattungen ist die Redekunst, die andere der Roman.

Die erste Ausnahme ist natürlich nicht überraschend. Eine Republik kann kaum auf die Redekunst verzichten, und der Redner – so erklärt uns Rousseau – ist dem verderblichen Einfluß der Rollendarstellung deswegen nicht ausgesetzt, weil er, anders als der Schauspieler, nur seine eigene Rolle ausfüllt und nur in seinem eigenen Namen spricht. [44] Überraschen muß uns jedoch Rousseaus Meinung, daß sich der Roman mit dem republikanischen Charakter vertrage und, anders als das Schauspiel, die Einfachheit und Unversehrtheit des Selbst nicht gefährde. Der verzweifelte Geist der armen Emma Bovary erhebt sich und bezeugt, daß gerade das Gegenteil der Fall ist und der Roman sogar noch mehr als das Theater zum Spielen einer Rolle, zu Phantasie und Personifikation verführe. Zunächst freilich könnte man darauf antworten, daß Rousseaus Erfahrung eine andere war. Er glaubte, daß die nächtelange Romanlektüre mit seinem Vater, als er fünf oder sechs Jahre alt war, sein eigenes unverfälschtes Selbst geformt habe. Von dieser Zeit her, sagt er, datiere er »ohne Unterbrechung das Bewußtsein seiner selbst«. [45]

Redekunst und Roman – das heißt Robespierre und Jane Austen.

Dies ist, glaube ich, das erste Mal, daß die beiden Namen in einem einzigen Satz zusammengebracht werden, voneinander durch nichts anderes getrennt als die Konjunktion, die sie verbindet. Der Zusammenhang zwischen ihnen ist nicht künstlich – es sind Blutsverwandte, beide durch ihre Beziehung zum »ehrlichen Bewußtsein« und die dazugehörige Aufrichtigkeit in direkter Linie mit Rousseau verwandt.

Die Intellektualität und das Temperament Robespierres werden häufig durch seine Rousseauverehrung charakterisiert, die schon in seiner Schulzeit begann. Sein ganzes Leben hindurch, meint sein englischer Biograph J. M. Thompson, »war er so aufrichtig, so ernst und selbstquälerisch wie sein Meister, das Vorbild des Jakobinismus, Jean-Jacques Rousseau.« [46] Albert Mathiez spricht von der »tiefen Aufrichtigkeit«, die »die Nationalversammlung anrührte und in den Bann schlug«. [47] Nicht einmal seine erbittertsten Gegner stellten diese Aufrichtigkeit in Frage. Der »meergrüne Unbestechliche«, wie Carlyle ihn wegen seiner bewußten Rechtschaffenheit und der dandyhaften Farbe seines Rockes zu nennen beliebte, ist die dritte Verkörperung von Molières Alceste, nachdem Rousseau, wie wir gesehen haben, die zweite war. Doch dieser in der militantesten Weise Aufrichtige und dieses entschlossenste ehrliche Bewußtsein ist im buchstäblichen Sinne hypokritisch geworden, ein Schauspieler in einer Komödie um Prinzipien, Treulosigkeit und Blut. Weder die Bewunderung, die er in einem gewissen Maße verdient, noch das Schaudern, das er einflößt, noch die Gräßlichkeit seines Endes vermag die Aura des Komischen zu zerstreuen, von der Robespierre, in dieser Weise einzig unter den weltgeschichtlichen Gestalten, umgeben ist.

Hannah Arendt gibt in ihrem Buch *Über die Revolution* eine subtile und leidenschaftliche Darstellung der moralischen Verfassung Robespierres, wobei sie besonders den theatralischen Charakter hervorhebt, der ihm mit all den Männern gemeinsam war, die, wie sie sagt, »die Revolution inszenierten«. Sie bedienten sich bewußt der Rhetorik des Theaters, auf das sie in ihrer Metaphorik besonders Bezug nehmen. Natürlich meint Hannah Arendt das tragische und heroische Drama, doch wenn sie sagt, daß die Männer der Revolution ihre historische Mission darin sahen, der französischen Gesellschaft die Maske der Hypokrisie herunterzureißen, [48] dann denkt man unwillkürlich an eine Komödie. Die revolutionäre Fixierung an die Hypokrisie der alten Gesellschaft Frankreichs führte zu einer obsessiven Beschäftigung mit der möglichen – und nur allzu wahrscheinlichen – Hypokrisie des Einzelnen und sogar des eigenen Ich. Die Revolution gab der Idee der Öffentlichkeit die größte Intensität und schuf, wie Hannah Arendt vermutet, einen unüberwindlichen Antagonismus zwischen der schattenlosen Durchsichtigkeit des öffentlichen und der trüben Zweideutigkeit des persönlichen Lebens, der Finsternis des unergründlichen menschlichen Herzens. Was privat und unbekannt war, war als Bedrohung des öffentlichen Wohls anzusehen. Aus dieser Vermutung entsprang das Interesse an der Aufrichtigkeit und es ergab sich daraus die Notwendigkeit, sie öffentlich zu bekunden und dem Publikum gegenüber zu verbürgen. Die Aufrichtigkeit verlangte eine Rhetorik des Geständnisses, den Beweis unbedingter Unschuld in der Einstellung und Haltung, eben jenes Rollenspiel, worin Rousseau das Wesen der persönlichen und schließlich der gesellschaftlichen Verderbtheit erkannt hatte. »Man kann nicht«, hat Gide gesagt, »zugleich aufrichtig sein und es scheinen.«

Etwas Ähnliches hatte Molière sagen wollen. Alcestes stolzer Anspruch auf vollkommene Aufrichtigkeit mißachtet die Finsternis des unerkennbaren Herzens. Die Absolutheit seines Vorhabens, nicht falsch zu sein gegen irgendwen, führt dazu, daß der größte Teil des Selbst, dem gegenüber er zur Wahrheit entschlossen ist, ausgelöscht wird. So ist es auch bei Robespierre. Doch die historische Version der Komödie ist ausführlicher als die Molières. Robespierre erstickt nicht nur das finstere, zweideutige Selbst, sondern schafft sich ein neues, das aus dem verschiedener Personen zusammengestückt ist, die auf der Bühne der

Geschichte gestanden und den Beifall des Volkes gefunden haben, und eine dieser Gestalten ist Rousseau. Alceste, der sich nicht in das Dunkel und die Zweideutigkeit der Gesellschaft hineinziehen lassen will, verbannt sich selbst aus dem Kreise seiner Mitmenschen in Einsamkeit und Schweigen. Robespierre dagegen lebt und agiert und ist in seinem selbstgeschaffenen Dasein ständig unter den Augen des Publikums, an das er ununterbrochen seine Stimme richtet. Der letzte komische Augenblick vor seinem Sturz war ein Ereignis, an dem wohl die ganze Bevölkerung von Paris teilgenommen hat – mehr als eine halbe Million Menschen – und das die ganze Gesellschaft in ein Publikum verwandelte, ihre Dunkelheit und Zweideutigkeit dadurch aufhob, ihre Motive durchsichtig und sich selbst und der zuschauenden Welt sichtbar machte.

Dies war das berühmte Fest des Höchsten Wesens am 8. Juni 1793, bei dem die französische Nation sich auf Anordnung des Konvents dem theistischen Glauben von Rousseaus savoyischem Vikar weihte. Ob beabsichtigt oder nicht, der für das Fest vorgesehene Tag war der Pfingstsonntag, der im Kalender der abgeschafften Kirche an die Ausgießung des Heiligen Geistes erinnert.* Die Feierlichkeiten erreichten ihren Höhepunkt auf dem Champs de Mars, das in Champs de la Réunion umbenannt worden war. Dort standen die Volksmassen vor ihren Gesetzgebern, die auf einem künstlichen Hügel saßen, der den »Berg« des Konvents symbolisieren sollte. Auf seiner Spitze erhob sich der Freiheitsbaum. Robespierre führte den Vorsitz, in der Hand einen Blumenstrauß und eine Weizenähre. Viele Reden wurden gehalten und dann stimmte die Versammlung zunächst eine Hymne auf das Wesen an, dessen Existenz sie bekräftigte, und anschließend sang sie patriotische Gesänge. Die Menge berauschte sich an ihrer Einmütigkeit, und unter Salven der Artillerie und mit dem Ruf »Vive la République« fiel man einander bewegt in die Arme. Robespierre hatte die ungeheure öffentliche Glaubenshandlung an jenem Morgen mit einer Zeremonie in den Tuilerien eröffnet, wo die Repräsentanten des Volkes und die nationalen Delegationen in Reih und Glied versammelt standen, in ihrer prächtigen neuen offiziellen Kleidung, mit Blumen, Früchten und Ähren in den Händen. Als Vorsitzender des Konvents hatte Robespierre eine Rede gehalten, in der er den Theismus verherrlichte. Am Ende ließ er ein Bild des Atheismus in Flammen aufgehen, aus dessen Asche sich mittels eines Mechanismus das Bild der Wahrheit erhob, das

* Die liturgische Farbe dieses Festes ist Violett.

Trilling   Ap. 81

34 Nietzsche (Bd. 6 Tragödie: apollinisch – [illegible]
echt bez. ⟷ dionysisch – [illegible]

34ff Diderot, Rameaus Neffe, übs. v. Goethe (Wiss. Buchg. Bd. [illegible])

33ff Hegel kommentiert diese in Phänomenologie d. Geistes
Ed. Hoffmeister 1952 (Hamb.) 344–346

[illegible]

[illegible]

[illegible]

unglücklicherweise von den Flammen ein wenig angesengt worden war. Diese ganze schwülstige Veranstaltung war von David entworfen, geleitet und einstudiert worden, und man beurteilte sie als eines seiner gelungensten Werke dieser Art.

Die komischen Züge jenes großen Tages öffentlicher Selbstverwirklichung und Selbstbeweihräucherung sind in ihrer Schwülstigkeit, Genauigkeit und Klarheit geradezu klassisch zu nennen. Es würde nur banal, um nicht zu sagen grausam wirken, wenn man ausführlich darstellen wollte, wie sehr dadurch Rousseaus Überzeugung in Frage gestellt wird, daß die Rhetorik gegen die Korruption durch das Rollenspiel immun sei.

Wie steht es nun um die andere zugelassene Gattung, den Roman? Wie um die Romanautorin, der ich, gemeinsam mit Robespierre, eine direkte Herkunft von Rousseau zugeschrieben habe?

Jane Austen erwähnt Rousseau in ihren Briefen an keiner Stelle, und obwohl wir annehmen dürfen, daß sie die *Nouvelle Héloïse* gelesen hat, ist ihre Bekanntschaft mit ihm wahrscheinlich auf dieses Werk beschränkt gewesen. [49] Freilich möchte ich auch keine Beeinflussung durch Rousseau behaupten, sondern eher eine Verwandtschaft in dem gemeinsamen Anliegen, das »ehrliche Bewußtsein« und die für es wesentliche Entschlossenheit und Aufrichtigkeit zu verteidigen.

Zwei Abschnitte bei Rousseau sollen deutlich machen, worin diese Verwandtschaft besteht. Die erste Stelle findet sich im *Brief an d'Alembert.* Während er die heilsame Wirkung des Romans erläutert, weist Rousseau darauf hin, daß er dabei an den englischen Roman denke, von dem es zweifellos auch abscheuliche Beispiele gebe, der in seinen besten Ausprägungen aber großartig und dessen Meisterwerk *Clarissa* sei. Rousseau hatte seinen *Brief an d'Alembert* geschrieben, ehe sein unglückseliger Aufenthalt in England ihn gegen die Engländer einnahm, und der englischen Aristokratie spricht er dort Eigenschaften zu, die sie von dem französischen Adel vorteilhaft abheben. Englische Damen beispielsweise haben viele Charakterzüge mit den besten ihrer männlichen Landsleute gemeinsam, und es zeichnet sie eine spartanische Einfachheit aus, die ihr Daseinsgefühl und ihr Selbstgefühl nicht von der Meinung anderer, sondern von ihnen selbst abhängig sein läßt. Die Einsamkeit ihrer großen Parks bereitet ihnen nicht Angst, sondern gefällt ihnen. Kurz, sie sind keine Pariserinnen und in ihrer Lebensweise nicht abhängig von *le tout Paris.* »Aus dem Vergnügen, das sie gemeinsam an der Einsamkeit finden, ergibt sich auch das an betrachtender Lektüre und an den Romanen, von denen England überschwemmt ist. So sind beide Geschlechter mehr mit sich selbst befaßt, ergeben sich weniger leichtfertigen Nachahmungen, gewinnen mehr Geschmack an den wahren Freuden des Lebens und denken weniger daran, glücklich zu scheinen, als es zu sein.« [50]

Auch hier werde ich die Frage vermeiden, ob die Gattung des Romans tatsächlich die Autonomie des Ich stärkt und bewahrt oder ob sie nicht gerade das Gegenteil bewirkt und das Selbst zur Parteilichkeit verleitet. Rousseaus eigene Erfahrung war, wie wir gesehen haben, daß er aus der Romanlektüre das Gefühl seines Daseins herleitete, das für ihn soviel wie Sinn des Lebens und Daseinsgrund bedeutete. In den *Rêveries* wird er sagen, das Gefühl des Daseins sei »an sich selbst ein köstlicher Genuß der Zufriedenheit und Ruhe, der allein zulänglich wäre, dieses Dasein ... angenehm zu machen ...«

Das Gefühl des Daseins ist auch das Kriterium, wonach Jane Austen das Selbst der Gestalten beurteilt, die sie in ihr Blickfeld bringt. Wer immer in ihren Romanen ihre Achtung – ihre mitfühlende oder komische Nachsicht ist etwas anderes – findet, besitzt in hohem Maße das Gefühl des Daseins, mit allem, was das an Selbstgenügsamkeit, Selbstbestimmung und Aufrichtigkeit einschließt. Insofern es sich dabei in der Tat ja um ein Gefühl handelt, besitzen es ihre Frauengestalten in einem höheren Grade als ihre Männer, so wie es in Shakespeares Romanzen eher die Prinzessinnen sind als die Prinzen, in denen sich die in diesen Stücken verherrlichte Art des Lebens verkörpert. In Jane Austens Romanen wie in Shakespeares späten Stücken ist der Charakter der Heldinnen geprägt durch ihre seelenvolle Hingabe an die gesellschaftliche Lebensform, die von Hegel als die Daseinsbedingung des »edelmütigen Bewußtseins« dargestellt wurde. Die visionäre Norm ihres Lebens besteht in der Ordnung, dem Frieden, der Ehre und Schönheit, die in einer glücklichen und (wie man zu sagen pflegte) vorteilhaften Heirat gegeben sind, in der Genügsamkeit und Anständigkeit glücklicher häuslicher Verhältnisse. Nirgends in den Romanen wird das Ideal des archaischen edlen Lebens in Frage gestellt, das zu den großen schönen Häusern mit den unvergeßlichen Namen paßt – Northanger Abbey, Donwall Abbey, Pemberley, Hartfield, Kellynch Hall, Norland Park, Mansfield Park. In ihnen ist das »Dasein süß und angenehm« [51], zumindest wenn man die rechte Einstellung dazu findet, und dort liegt der Sinn des Lebens für die, die ihn suchen, und wenn sie ihn gefunden haben, zu genießen verstehen. Die Heldinnen der Romane stehen mit dem, was die großen Häuser repräsentieren, in vollkommenem Einklang oder sie finden schließlich dazu. Ihr Verlangen ist auf nichts darüber hinaus gerichtet. Zweifellos war es dieser Zug, der Emersons Mißfallen an Jane Austens Romanen, an ihrer »Sterilität« und »Vulgarität«, wie er sich ausdrückte, erregt hat.

Ganz anders hätte Rousseau geurteilt. Wir haben gesehen, daß er – trotz seines Anteils an der Entstehung der modernen Welt und obwohl sein Denken seiner Tendenz nach die alte Ordnung untergrub – die neue Welt mit großer Angst heraufkommen sah, eben weil sie sich anschickte, das alte »edle« Leben zu zerstören. Obwohl er sich nach der Gleichheit sehnte, war sein Ideal des guten Lebens von seinem Wohlgefallen an der alten aristokratischen Lebensform geprägt. Nie hat er den Traum von einem solchen Leben verleugnet, aus dem er in einem entscheidenden Augenblick seiner wirren Jugend Ermutigung schöpfte.* Er erzählt von diesem anrührenden Traum in den *Bekenntnissen,* eine Passage, die wiederum die Verwandtschaft zwischen ihm und Jane Austen belegen soll. Der sechzehnjährige Lehrling bei einem Graveur will von seinem Meister und aus seiner Heimatstadt fortlaufen, und mit milder Ironie erinnert sich Rousseau an die Seligkeiten, die der Knabe sich erhoffte: »... ich brauchte nicht soviel. Eine reizende Gesellschaft genügte mir, darüber hinaus bekümmerte mich nichts. Ich beschränkte mich bescheiden auf einen engen, aber trefflich gewählten Kreis, in dem ich sicher war zu herrschen. Ein einziges Schloß genügte meinem Ehrgeiz. Als Günstling des Herrn und der Herrin, als Geliebter des Fräuleins, Freund des Bruders und Beschützer der Nachbarn war ich zufrieden; mehr brauchte ich nicht.« [52] Kurz, er wünschte sich, wie Fanny Price auf Mansfield Park zu leben, natürlich nicht in der Zeit ihrer Schüchternheit, sondern ihrer Blüte, als ihr ganzer Wert bekannt ist und ihre Rechtschaffenheit und Aufrichtigkeit sie bei allen beliebt gemacht haben.**

Bezeichnenderweise enthält *Mansfield Park* auch einen »Brief über das Schauspiel«. Jeder erinnert sich, wie sehr ihn das ganze Getue über die Laienschauspielerei, der sich die jungen Leute während der Abwe-

* Eine nützliche Erklärung der Rousseauschen Vorliebe für klassenbedingte Lebensverhältnisse findet man bei Roger D. Masters, *The Political Philosophy of Rousseau,* Princeton, N. J., 1968, S. 428, Anm.

** Wenn ich Rousseaus Vorliebe für die aristokratische Lebensform mit den von Jane Austen geschilderten Verhältnissen in Zusammenhang bringe, dann soll das natürlich nicht heißen, daß die Personen ihres Romans zum Adel gehören.

senheit des Herrn von Mansfield Park, Sir Thomas Bertram, widmen, und das unmißverständliche Urteil des Romans, daß diese Veranstaltungen nämlich nicht zu billigen seien, befremdet und geärgert hat. Der Einwand gegen die Schauspielerei entspricht genau dem Rousseaus: Eine Rolle zu verkörpern, führt zu einer Verneinung des Selbst und folglich zu einer Schwächung des gesellschaftlichen Zusammenhalts.* Der derbe Freimut und die phantasielose Zielstrebigkeit von Sir Thomas sind nicht in jeder Hinsicht zu bewundern – ausdrücklich wird ihnen die Schuld an der schlechten Erziehung der beiden Bertrammädchen gegeben, die für ihre unschönen persönlichen Eigenschaften und ihr inhaltsleeres Leben verantwortlich sind –, und doch stellt sich darin dar, worauf Mansfield Park gegründet ist, wodurch es besteht und sein Versprechen von Ordnung, Friede, Ehre und Schönheit aufrechterhält.

Bekanntlich ist *Mansfield Park* in der Härte, ja Schroffheit, mit der darin die Tendenzen beurteilt werden, die das »edle« Leben und das »ehrliche Bewußtsein« bedrohen, eine Ausnahme unter Jane Austens Romanen. Früher war man allgemein der Ansicht, daß Jane Austen die Gesellschaft in keiner Weise als problematisch empfand und daß ihr an den Veränderungen, die sich damals vollzogen, nichts fragwürdig erschien, obwohl ihre Gestalten durchaus in der gesellschaftlichen Wirklichkeit verwurzelt sind. Heute dagegen ist man kaum geneigt, dieser Auffassung zuzustimmen, vielmehr sieht man die Bedeutung des Werkes von Jane Austen gerade in der Feinfühligkeit, mit der sie auf den sozialen Wandel reagiert. Sie stellt ihn, ganz ähnlich wie Rousseau und Hegel, nicht unmittelbar in seinen auffälligen Äußerungsformen dar, sondern so, wie er sich in dem neuen Bewußtsein zeigt, das damit – sei es als Ursache oder als Wirkung – im Zusammenhang steht. Dieses Bewußtsein ist dadurch charakterisiert, daß es seine Vereinzelung und

* Das war damals kaum eine vereinzelte oder exzentrische Ansicht. Während die Familie Egerton es im Jahre 1634 selbstverständlich fand, daß die junge Tochter des Hauses in dem Stück *Comus* die Lady spielte und ihre Keuschheit gegen die trügerischen Überredungskünste der Lust verteidigte, dachte die Oberschicht zu Beginn des 19. Jahrhunderts weniger nachsichtig über Laienschauspiele. Thackeray charakterisierte Becky Sharp durch ihre erfolgreichen Auftritte bei solchen Veranstaltungen. In Disraelis *The Young Duke* amüsiert sich eine elegante Dame von zweifelhaften Grundsätzen darüber, daß das irgendwie anstößig sein könnte. John Mockton-Milnes wird von seinem Vater mahnend darauf hingewiesen, daß es dem öffentlichen Ansehen eines Mannes schade, wenn er in solchen Landhaus-»Possen« auftrete. Am Anfang des zwanzigsten Jahrhunderts herrschte in Amerika dieselbe Ansicht – der Abstieg der Heldin in Edith Whartons *The House of Mirth* beginnt mit ihrem Erfolg bei privaten Theateraufführungen.

Einfachheit aufgibt, das Selbst im Rollenspiel negiert und sich einer künstlerischen Kultur verpflichtet fühlt, die es dem traditionellen Ethos entfremdet. Jane Austen billigt keine der Eigenschaften dieses neuen Bewußtseins, doch sie verurteilt es auch nicht nur. Abgesehen von einem einzigen Fall, auf den wir noch eingehen, urteilt sie nicht kategorisch wie Rousseau, sondern dialektisch wie Hegel. Es steht für sie außer Zweifel, daß das Verhalten von Marianne Dashwood und Emma Woodhouse Tadel verdient, aber gleichzeitig begrüßt sie es auch als eine Anstrengung des Geistes, der den vom »edelmütigen« Ethos auferlegten Bedingungen Widerstand leistet und sich, zwar nicht durch »Niederträchtigkeit«, aber doch wenigstens durch Eitelkeit und Unbedachtsamkeit auf den neuen »Adel« der Autonomie zubewegt. Für Jane Austens Romane ist es charakteristisch, daß das archaische Ethos in ihnen in das Bewußtsein verliebt ist, das es zu zerstören sucht. Es gibt in der englischen Literatur kaum eine bedeutungsvollere Szene als die, in der Marianne Dashwoods verwirrter Geist, der sich unbekannten Fluten und nie erträumten Gestaden ungehemmt hingeben möchte, gerechtfertigt wird durch die plötzliche Sympathie, die ihre pflichtbewußte Schwester Elinor dem zerrissenen Bewußtsein von Mariannes Liebhaber, dem glaubenslosen und destruktiven Willoughby entgegenbringt. Wenn Mr. Knightley uns in der Vorbildlichkeit seiner Haltung und Pflichterfüllung nicht hoffnungslos ferngerückt erscheint, sondern uns im Gegenteil sympathisch ist, so deshalb, weil wir merken, daß er Emma nicht nur trotz, sondern wegen ihrer zerstörerischen Selbstbehauptung zugetan ist. Die kleine Catherine Morland ist einfältig und in ihrer Neugierde, mit der sie ihre Nase in alle vermeintlichen Geheimnisse von Northanger Abbey steckt, sogar ein wenig vulgär, aber es zeigt sich doch, daß sie im Grunde recht hat, wenn sie durch ihr plötzliches Eintauchen in die Welt der »Bildung« und ihre leidenschaftliche Lektüre empfindsamer Romane zu der komischen Gewißheit kommt, daß das Ethos des großen Hauses in Wirklichkeit nicht so ist, wie es erscheint, und sein edler Glanz nur Niedrigkeit und Schändlichkeit verdeckt. Ihrer Einfältigkeit erschließt die Realität sich eher als der unerschütterlichen Vernünftigkeit ihres Liebhabers, des freundlich erzieherischen Henry Tilney, der ein Muster des »ehrlichen Bewußtseins«, ein »ruhiges Bewußtsein« par excellence ist.

In *Mansfield Park* jedoch wird nicht dialektisch, sondern unnachgiebig kategorisch geurteilt. Als einziger von Jane Austens Romanen ist *Mansfield Park* ausschließlich der Betrachtungsweise des »ehrlichen

Bewußtseins« verpflichtet. Er ist von der Gewißheit beherrscht, daß die Dinge nicht sind, was sie werden, sondern das, was ein unverdorbener Verstand vom ersten Augenblick an in ihnen erkennt. Sieben Jahre nach der Veröffentlichung der *Phänomenologie des Geistes* behauptet dieser Roman, daß die von Hegel vorgeschlagene und beispielhaft vorgeführte Methode des Urteilens falsch ist. Wir werden belehrt, daß man zum »Edlen« nur durch die Affirmation dieser Daseinsform gelange, nicht durch ihre Negation, nur indem man die Pflicht anerkenne und erfülle, in seinem Selbstsein an die Bedingungen des gegenwärtigen Daseins gebunden bleibe und entschlossen seinen Weg gehe. »Niederträchtigkeit« führe nur zu Niederträchtigkeit. Die Negation des Selbst sei keineswegs das Mittel, um es zu verwirklichen, sondern sie löse es auf. Hegels Verherrlichung der großen, alles umfassenden Darstellungskunst Rameaus hat hier ihr Gegenstück in der Erniedrigung des bezaubernden Henry Crawford, dem sein erstaunliches schauspielerisches Talent zum Verhängnis wird. »Ob Würde, Stolz, Zärtlichkeit, Reue oder was immer darzustellen war, ihm gelang es mit gleicher Schönheit. Es war wirklich bühnenreif.« Die Schwäche seiner Persönlichkeit zeigt sich darin, daß er, obwohl durch Vermögen unabhängig, mit dem Gedanken spielt, in die Kirche oder in die Kriegsmarine einzutreten, zwei Berufe, die Jane Austen moralisch hoch bewertet, die er aber nicht als Berufung versteht, sondern bloß als Gelegenheiten zur Selbstdarstellung. Sein Ehebruch mit Maria Bertram ist nicht nur lieblos, sondern auch leidenschaftslos und kann nicht als freier Selbstausdruck entschuldigt werden, denn er ist nur eine Rolle, die er übernimmt und so spielt, wie das Stück es verlangt. Wir sollten erwarten, daß Mary Crawford, die ihrem Bruder an Liebenswürdigkeit nicht nachsteht, in ihrer Lebhaftigkeit und Keckheit ein wohltuendes Gegengewicht gegen die Langeweile bildet, die, wie der Roman ohne weiteres zugibt, eine der Eigenschaften von Mansfield Park ist. Am Ende aber stellt sich heraus, daß ihre geistreiche Art durchaus keine geistige Energie ist, die zu neuen, freieren und entwickelteren Lebensformen drängt. In Wirklichkeit ist sie rückwärtsgewandt, und die Verachtung, die sie für Mansfield Park zeigt, ist nicht Ausdruck eines Befreiungsversuchs, sondern zeigt, daß sie sich mit der Unfreiheit abgefunden hat und sich zynisch dem Weltlauf und der großstädtischen Gesellschaft überläßt, die Rousseau als Feind alles wahren Daseins gebrandmarkt hatte.

Für Leser von heute ist *Mansfield Park* wahrscheinlich ein bedrückendes Buch. Selbst unbedingte Anhänger Jane Austens kostet es eine besondere Anstrengung, mit diesem Roman zurechtzukommen. Wer seiner Verfasserin weniger rückhaltlos ergeben ist, der ist gewöhnlich verärgert und befremdet von dem, was ihm als blinder und restriktiver Moralismus erscheint, als Parteinahme für Pflicht und Dumpfheit, als bornierte Wohlanständigkeit. Störend an *Mansfield Park* sind freilich nicht die philisterhaften moralischen Urteile im einzelnen, sondern der Affront, den er einer charakteristischen Einstellung des modernen Bewußtseins, einer festen und liebgewordenen Gewohnheit unserer Wahrnehmung und unseres Urteils bietet. Die militante kategorische Sicherheit, mit der *Mansfield Park* zwischen Gut und Böse unterscheidet, verletzt unsere dialektische Auffassungsweise der Realität. Es bringt uns aus der Fassung und bestürzt uns. Es versetzt uns in eine Art Angst. Und wie sollte es nicht? Denn ein für seine Vielschichtigkeit bekanntes Kunstwerk wendet seine ganze, unbestreitbar außerordentliche Kraft daran, genau das Gegenteil von dem zu tun, was wir gelernt haben, für die ideelle Aufgabe der Kunst zu halten, und um dessentwillen wir sie schätzen, nämlich die dialektische Auffassungsweise zu stärken und die Zwänge des Kategorischen zu mildern. In *Mansfield Park* wird das Dialektische unbarmherzig verworfen, um uns um so strenger den Zwängen des Kategorischen zu unterwerfen. Unsere typische moderne Anschauung, daß aufgeklärtes Denken zwischen Richtig und Falsch, Gut und Böse nur unter dem Gesichtspunkt des Prozesses und der Entwicklung, des Zukünftigen, sowie des Wechselspiels und der Auflösung von Widersprüchen unterscheiden könne, wird von dem Roman nicht bestätigt. *Mansfield Park* bietet uns nichts von dem Vergnügen, das sich einstellt, wenn wir über das unmittelbare und pragmatische Urteil hinausgehen, und enthält keinerlei großzügige Distanziertheit, Ironie oder Vertrauen in die Entfaltung der Zukunft. Die Zeitlichkeit des dialektischen Denkens wird abgelehnt, und die einzige Zeit des Urteils, die gilt, ist das *Jetzt* – die Dinge sind, was sie sind, in der drängenden Gegenwart, nicht in der offenen Zukunft. Ein Kunstwerk, das von einer so klösterlichen Anschauungsweise geprägt ist, muß unser Denken beunruhigen, denn wir begreifen, daß es sagen will, selbst die Wirklichkeit des Lesers sei nicht, wie er gerne glauben möchte, das, was sie einmal sein wird, sondern unausweichlich das, was sie jetzt ist. Das ist ein dunkler, ein archaischer Gedanke, der uns aus der gewohnten Vorstellungswelt unserer Kultur löst. Doch wenn sich das anfängliche Unbehagen gelegt hat, dann können wir erkennen, daß eine eigenartige beruhigende Kraft von diesem Gedanken ausgeht.

IV.
Das Heroische, das Schöne und das Authentische

1.

Als ich vor einigen Jahren über Jane Austen schrieb, habe ich einen Aufsatz von Richard Simpson herangezogen, der 1870 im *North British Review* veröffentlicht wurde. Er erschien mir und erscheint mir auch heute noch als eine der besten Darstellungen der Leistung Jane Austens. Der Aufsatz ist um so bemerkenswerter, als er sein Thema vielleicht zum ersten Mal ernsthaft kritisch behandelt und nicht nur Vergnügen und Respekt zum Ausdruck bringt oder das Verhältnis Jane Austens zu Walter Scott oder Shakespeare genauer bestimmt. Stattdessen bemüht er sich um eine Beschreibung ihrer Romane in ihren inneren Beziehungen und versucht, ihrer Bedeutung gerecht zu werden. Was letztere angeht, so erkennt der Verfasser die weitreichenden Interessen der Autorin, die seiner Ansicht nach nicht auf besondere Frauenschicksale beschränkt sind, sondern sich allgemein auf den »Menschen« richten, den Menschen in der Gesellschaft und den komplexen Prozeß seiner Selbstverwirklichung durch sie. »Selbst in der Einzahl«, meint Simpson, »steht der Mensch für sie immer in einem Prozeß, in dem er durch soziale Einflüsse geprägt wird. Sie denkt über seine Geschichte nach, nicht über seine einzelne Seele und die in ihr verborgenen Vorgänge oder über die Analyse seiner Fähigkeiten und Organe. Sie sieht den Menschen nicht als ein einsames Wesen, das in sich abgeschlossen wäre, sondern als ein Wesen, das erst in der Gesellschaft ein Ganzes ist.« Und: »Die Tugenden sind für sie keine festen Größen oder definierbare Eigenschaften, sondern ... eine Folge von Bewußtseinszuständen...« [53]

Diese Beobachtungen sind bewundernswert, ebenso wie die, daß Jane

Austen von einer »platonischen Idee«, wie der Kritiker sich ausdrückt, »durchdrungen« sei – sie fühle sich dem Ideal »verständnisvoller Liebe« verpflichtet, für das die tiefste und wahrste Beziehung, die zwischen Menschen möglich ist, pädagogischer Natur ist. Diese Beziehung besteht in einem Geben und Nehmen von Wissen über richtiges Verhalten, indem eine Person ihren Charakter durch eine andere bilden läßt und bereit ist, ihre eigene Entwicklung der Leitung eines anderen anzuvertrauen. Die Idee einer auf Pädagogik gegründeten Liebe mag modernen Lesern sonderbar oder gar abstoßend erscheinen, doch ohne Frage beruht auf ihr ein großer Teil der Kraft und des Zaubers der Kunst Jane Austens. Wenn wir die Kraft und den Zauber erklären wollen, die von der Gattung des Romans im neunzehnten Jahrhundert ausgegangen sind, dann dürfen wir seine pädagogische Absicht nicht übersehen und müssen erkennen, daß der Leser das Interesse des Romans an seinem moralischen Wohl und Werdegang als eine besondere Art von Zuwendung erfahren hat.

Das Leben unter dem Aspekt der Belehrung zu betrachten, ist in der Literatur kaum etwas Neues. In größerem oder geringerem Maße hat die Literatur immer eine Art pädagogischen Anspruch gestellt, besonders aber in der christlichen Tradition, und dieser Zug hat sich verstärkt, als das richtige Verhalten durch die beschleunigte soziale Mobilität fraglich wurde.

So mächtig aber das Pädagogische im neunzehnten Jahrhundert auch gewesen ist, so war dem gebildeten zeitgenössischen Leser doch nie so recht wohl dabei. Den Grund dieses Vorbehalts deutet der bewundernswerte viktorianische Kritiker in seiner Zusammenfassung der moralischen Ansichten Jane Austens an. An einer Stelle verfällt er in ein kriegerisches Vokabular, spricht von »Kämpfen« und »Eroberungen« und sagt, das individuelle Bewußtsein Jane Austens könne nur als ein Schlachtfeld vorgestellt werden, »auf dem einander bekämpfende Heere aufmarschieren und der Sieg sich bald zu der einen, bald zu der anderen Seite neigt«. Es ist nicht zu übersehen, daß das nicht überzeugend klingt und keine angemessene Vorstellung von dem moralischen Handeln gibt, wie Jane Austen es begreift. Wir verstehen ohne weiteres, warum der Kritiker sich dieses anspruchsvollen militärischen Bildes bedient – es ist eine bequeme Ausdrucksweise dafür, daß die Romane ernstgenommen werden sollen. Sie verdienen eine Beachtung, wie sie traditionell den Werken des heroischen Stils, für die letztlich die militärischen Tugenden definierend sind, vorbehalten ist, vor allem der

Tragödie als derjenigen Gattung, die ursprünglich durch ihr Verhältnis zum Heroischen definiert wurde. Wie wir gesehen haben, ist sich der Kritiker der Bedeutung der in Jane Austens Romanen enthaltenen Aussagen auf eindrucksvolle Weise bewußt, aber er kann diese richtige Einsicht nur in einer Sprache ausdrücken, die ihr nicht angemessen ist, und beschreibt die pädagogische Intention mit Wendungen, die der anachronistischen Sprache des Heroischen entstammen.

Von ihrem Wesen her ist die Pädagogik mit der heroischen Gattung der Tragödie nicht einverstanden, der sie im stillen eine abartige Zügellosigkeit und eine hochmütige Verachtung von Vernunft, Klugheit und Moral vorwirft. Die Tragödie ihrerseits fordert uns auf, eine pädagogische Absicht in ihr zu suchen, doch in Wirklichkeit kann man diese Aufforderung nicht für ernstgemeint halten. Wir können uns nicht überreden, daß die beiden Ödipustragödien uns irgendetwas lehren wollen oder zeigen, daß der Held in ihnen etwas lernt. Es ist zwar richtig, daß die Tragödie oft vom Wissen und Nichtwissen handelt und sich selbst auf die Seite des Wissens stellt, doch diese Parteinahme ist vorsichtig zu deuten, denn sonst befinden wir uns schnell in der unglücklichen Lage jener Kritiker, die dem Leiden Lears oder Gloucesters einen Sinn abgewinnen, weil sie durch ihren Schmerz, bevor sie starben, »erzogen« worden seien. Wenn eine große Tragödie, wie *Oedipus Rex,* zu der Schlußfolgerung führt, daß das Schicksal unerforschlich und ein Kind, das seinen eigenen Vater kennt, weise zu nennen ist, oder wenn sie, wie *König Lear,* die Welt als unbewohnbar und ihre Ordnung als moralisch unbegreifbar darstellt, dann kann die Tragödie tatsächlich nichts für die praktische Lebensführung aussagen, es sei denn, indem sie sie transzendiert und negiert und ein Mysterium verherrlicht, das für Vernunft, Klugheit und Moral unzugänglich ist. Aus diesem Grunde stellt sich die Pädagogik gegen die Tragödie – sie wirft ihr einen wesentlichen Mangel an Ernst vor.

An einem bestimmten Punkt der Geschichte hat die pädagogische Auffassung der Literatur ihr Mißtrauen gegen die heroische Literatur offen feindselig zum Ausdruck gebracht. Die Gattung des Romans, meint Jacques Barzun, »hat von ihren Anfängen mit *Don Quichote* und *Tom Jones* an unablässig zwei Dinge bekämpft – unsere Kultur und das Heroische«. [54] Freilich stand der Roman in seinem Kampf nicht allein. In seiner eigentlichen Bastion, dem Theater, traf das Heroische auf Widerstand, wie die Gegenüberstellung von Falstaff und Heißsporn oder die unbarmherzige Behandlung des Heroischen in *Troilus und Cressida* zeigen. Doch zu Recht sieht Barzun im Roman als der pädagogischen Gattung par excellence den Hauptwidersacher der heroischen Lebensauffassung. Walter Benjamin sieht in dem Bedürfnis, Rat zu erteilen, einen Wesenszug des Erzählens und eine Voraussetzung seiner Lebendigkeit. Das Erzählen sei »auf das praktische Interesse« ausgerichtet, es führe »einen Nutzen mit sich« und wolle »Ratschläge« geben; das Ziel, auf welches es hinblicke, sei »Weisheit«. [55] Wenn dies richtig ist, dann ist der Roman, der zumindest in seinen Anfängen dem Geschichtenerzählen verpflichtet ist, in seinem Wesen dem Heroischen entgegengesetzt.

Was ist oder war das Heroische? Was ist ein Held?

Eine gute Antwort darauf hat der verstorbene Robert Warshaw gegeben, der in einem Aufsatz über Wildwestfilme sagt: »Ein Held ist einer, der wie ein Held aussieht.« [56] Er meinte damit nichts anderes als Margaret Bieber, wenn sie in ihrem Buch über das griechische Theater sagt, der Held sei ein Schauspieler. [57] Beide Feststellungen, besonders aber die von Margaret Bieber machen deutlich, daß die Idee des Helden erst in zweiter Linie eine moralische Idee ist; zunächst ist sie dies ebensowenig, wie man die Anmut eines Tänzers als moralische Idee betrachten kann. In unserer Umgangssprache ist der Begriff eines Helden heute mehr oder weniger gleichbedeutend geworden mit einer der moralischen Eigenschaften, die ursprünglich als für ihn wesentlich galten: »Held« ist unser Wort für einen Mann, der eine allgemein gebilligte Handlung von ungewöhnlichem Mut vollbringt, während Mut nach der alten literarischen Auffassung vom Helden nur ein Element unter anderen und, bei aller Bedeutsamkeit, für sich genommen nicht einmal ein definierendes Merkmal war. Bei einem Menschen, der – wie man es vom Helden annimmt – von den Göttern begünstigt ist und sogar bestimmte Eigenschaften des Göttlichen erhalten hat, ist Mut etwas Selbstverständliches. Die Gabe oder Erbschaft des Göttlichen ist selbst vollkommen sichtbar. Die Würde, die ein Mensch dadurch erhält, bleibt nicht verborgen, um gelegentlich offenbart und wahrgenommen zu werden, sondern sie zeigt und erweist sich in Wort und Tat, in Gestalt und Auftreten. Der Held ist einer, der wie ein Held aussieht; der Held ist ein Schauspieler – er spielt seine hohe Meinung von sich selbst.

Nicht alle Kulturen kennen die Idee des Heroischen. Wie ich einmal im Zusammenhang mit Wordsworth bemerkt habe, findet sich in der rabbinischen Literatur nicht die geringste Andeutung der Idee des Heroischen. Wenn die Rabbiner von der Tugend sprechen, dann erwähnen sie niemals die Tugend des Mutes, die Aristoteles als grundlegend für den heroischen Charakter ansah. Die Gleichgültigkeit der Rabbiner gegen die Idee des Mutes ist um so bemerkenswerter, als sie wußten, daß viele von ihnen für ihren Glauben sterben sollten. Besonders wichtig in unserem Zusammenhang ist, daß die Rabbiner als ethische Wesen sich niemals *selbst sehen* – so als hätte das Bilderverbot auch für die Vorstellung von der persönlichen moralischen Existenz Gültigkeit. Sie stellen sich keinen Kampf, keine ausweglose Situation, keine schwere Entscheidung, keine Ironie, kein Schicksal, nichts *Interessantes* vor – die Moral gilt ihnen nicht als Drama. Sie hätten also die Definition des Helden als eines Schauspielers ohne weiteres verstanden und ihn als solchen nicht der Aufmerksamkeit ernster Menschen für wert gehalten. Der tugendhafte Mann bei Aristoteles in seiner höchsten Vollendung hat sich selbst genau vor Augen: der, dessen Tugend durch die krönende Vollkommenheit der *megalopsychía* – der Großmut oder des Adelsstolzes – ausgezeichnet ist, kann daran erkannt werden, wie er sich beträgt, an seinem langsamen Gang, seiner gedämpften Stimme, seiner gemessenen Rede und seiner bewußten Ironie im Umgang mit Untergebenen – der tugendhafte Mann ist ein Schauspieler. Hans Jonas hat in seiner Untersuchung über die Gnosis auf das theatralische Element in den ethischen Systemen der Stoiker hingewiesen. »›Seine Rolle spielen‹ – diese Redewendung, die in der stoischen Ethik immer wieder begegnet, offenbart ungewollt das fiktive Element in ihr. Das Spielen einer Rolle tritt an die Stelle der Erfüllung einer wirklichen Aufgabe. Die Schauspieler auf der Bühne [gemeint ist die Bühne der Welt, auf der sich das moralische Leben abspielt] benehmen sich, ›als ob‹ sie ihr eigenes Spiel spielten und ›als ob‹ ihre Handlungen etwas bedeuteten. Was wirklich zählt, ist allein, ob man gut oder schlecht spielt, ohne daß dies am Ergebnis etwas änderte. Die Schauspieler in ihrem prächtigen Spiel sind ihr eigenes Publikum.« Dieses kosmische Moralschauspiel ist so weit wie nur denkbar von den Rabbinern entfernt. Wenn wir in der jüdischen Tradition von den Rabbinern auf die Bibel zurückgehen, finden wir das Heroische dort ebensowenig. David interessiert uns als Person im höchsten Maße, doch dieses Interesse ist nicht von der Art, wie wir es für Helden empfinden. So sehr Milton Samson seiner griechischen Manier unterwirft, ist er nicht einmal in Miltons Gedicht, geschweige denn im Buch der Richter wirklich ein Held. Ödipus, der dem Mysterium des menschlichen Leidens begegnet, ist ein Held, aber Hiob, der dieselbe Erfahrung macht, ist es nicht.

Die Griechen machten sich keinerlei Illusion über die Wirklichkeit des Helden. Das wird bei Aristoteles in seinem Vergleich der Tragödie und der Komödie deutlich. Nur in der Tragödie gibt es den Helden, denn die Tragödie zeigt die Menschen besser, als sie wirklich sind, also edelmütiger, beeindruckender und würdevoller. Die Wirkung der Tragödie beruht auf der »Erhebung« des Helden, zu der jedes äußere Element des Dramas – Sprache, Gebärde und Kostüm – beitragen muß. Es kann keinen komischen Helden geben, denn die Komödie zeigt die Menschen schlechter, als sie in Wirklichkeit sind, also weniger edelmütig, weniger beeindruckend und weniger würdevoll. Sofort wenn wir diese berühmten Definitionen zum ersten Mal hören, stellen wir uns die Frage, warum dieser berühmte Philosoph, der über so vieles nachgedacht hat, niemals an eine literarische Gattung dachte, die die Menschen zeigt, wie sie wirklich sind, weder besser noch schlechter.

Es wird manchmal angenommen, das Komische sei eine Antwort auf das Tragische und seinem Wesen nach ein feindseliger Kommentar zum Heroischen. Ebensogut kann man jedoch sagen, daß der Keim der Idee des Heroischen im Komischen selbst liegt und daß die Menschen in dem Augenblick, da sie sich komisch sehen, die Idee ihrer Würde gefaßt haben. Sobald sie sich über ihre natürlichen Funktionen, über die Absurdität von Defäkation und Kopulation, und über die sonderbaren Formen lustig machen, die ihre Leiber annehmen, dann sind sie auf dem besten Wege, darüber nachzudenken, wie sie edler erscheinen könnten, als sie in Wirklichkeit sind. Wie anders können die Menschen ihre Niedrigkeit erkennen, als indem sie sich ihren möglichen Adel vorstellen? Bis dieser ihnen eines Tages zur Last fallen, sie langweilen und ihren Spott hervorrufen wird.

Der Streit zwischen dem heroischen und dem antiheroischen Prinzip könnte in der Literatur wie in unserem persönlichen Leben als ein natürlicher Rhythmus der Seele erscheinen, so als überließen wir uns abwechselnd unserem Über-Ich, dem Sitz unserer uns bestimmenden Ideale, und dem Es, dem Sitz unserer Triebregungen. Doch mit der Renaissance traf der heroische Stil des Über-Ich auf einen neuen Widerstand, der vom Ich ausging, dem die Aufgabe der Selbsterhaltung zukommt. Das Heroische wurde jetzt nicht mehr nur wegen seines pomphaften Stils und der darin sich ausdrückenden moralischen Anmaßung angegriffen, sondern weil es die praktische Lebensführung behinderte. Das literarische Bewußtsein der Renaissance war zugleich von der Idee des Heroischen bezaubert und stand ihr zutiefst kritisch gegenüber.

Diese Ambivalenz hat ein Denkmal gefunden im Charakter und im Schicksal Othellos, dessen Wehrlosigkeit eine Folge seiner bewußten Vornehmheit und seiner törichten Hingabe an den heroischen Stil ist. Dieser Held ist in der Tat ein Schauspieler, und seine Rolle wird ihm zum Verhängnis.

Shakespeares Darstellung des Lebensweges des Prinzen Heinz bezeugt in klassischer Weise das Gefühl der Renaissance, daß die Idee des Heroischen der praktischen Bewältigung des Lebens im Wege steht. Will der junge Prinz König werden, dann muß er sich nicht nur von Falstaff distanzieren, wie er es von Anfang an beabsichtigt, sondern auch über den gewinnenden Heißsporn, die wahrhafte Verkörperung des heroischen Ideals, wie der Vater des Prinzen selbst ihn nennt, triumphieren – das heißt, daß der verstoßene Hedonist und der in seiner Rolle erstarrte Held in ihrem infantilen Narzißmus einander gleichen, beide stehen im Dienst eines anarchischen Prinzips. Cervantes' Umgang mit dem Begriff des Heroischen ist zu vielschichtig und paradox, als daß wir hier näher auf ihn eingehen könnten, doch es genügt in unserem Zusammenhang, daran zu erinnern, daß *Don Quichote* der einfachen Absicht seines Autors entsprungen ist, die Ansprüche des Alltagslebens gegen die des heroischen Ideals zur Geltung zu bringen. Fielding, der erklärte und treue Schüler von Cervantes, war letztlich besessen von der Diskrepanz zwischen der heroischen Tradition und der wirklichen Welt. Er konnte sich keinen köstlicheren Scherz vorstellen, als die beiden, das Heroische und das Wirkliche, zusammenzubringen und das Gezänk der Dorfschlampen wie eine Schlacht vor den Mauern Trojas zu beschreiben oder seinen Lesern ein Findelkind in der Rolle des Helden unterzuschieben, der nicht Ödipus, sondern Tom heißt, ein Name, der ihm von allen am lächerlichsten vorkam. Für Fielding blieb es immer eine erstaunliche Tatsache, daß die Literatur, wie sie ihm aus seiner Bewunderung der griechischen Klassiker vertraut war, nicht mit dem Leben übereinstimmte, mit dem er sich im Gerichtssaal oder in seinen soziologischen und kriminologischen Schriften auseinanderzusetzen hatte. Immer mehr neigte das literarische Bewußtsein Europas dazu, sich Swift in der Verherrlichung der Tugend dessen anzuschließen, der zwei Ähren Korn oder zwei Halme Gras wachsen läßt, wo vorher nur eines wuchs. Diderots große *Encyclopédie* schließlich bezeugt, in welchem Maße und mit welcher Leidenschaft man sich den Ansprüchen des Alltags stellte.

Doch das neue Interesse am Wirklichen, am Leben selbst in seiner ganzen Gewöhnlichkeit und seinem Mangel an Erhabenheit richtete sich nicht nur auf das Praktische. Es legte auch den Grund zu einer neuen und wieder entdeckten geistigen Erfahrung. Die Betonung der nicht beherrschbaren materiellen Notwendigkeiten des gewöhnlichen Lebens, die das Wunder aus dem Leben verbannt, führt auf der anderen Seite dazu, daß Augenblicke der Transzendenz, wie sie hin und wieder vorkommen mögen, um so wunderbarer erscheinen. Das ist die Grundlage der Joyceschen Idee der »Epiphanie«, was wörtlich »Aufscheinen« bedeutet. Die Theorie der Epiphanie setzt voraus, daß das menschliche Dasein fast ausschließlich in Dumpfheit und trivialer Routine abläuft und von der Gewohnheit und dem Druck der Notwendigkeit um seine Lebenskraft gebracht und paralysiert wird. Was gelegentlich aufscheint, ist, obwohl nicht im traditionellen christlichen Sinne göttlich, etwas der Idee des Göttlichen Entsprechendes: es ist das, was wir Geist nennen. Was sich zeigt, ist oft Geist in seiner Negation, herabgemindert und gefesselt durch das Alltagsleben. Doch es gibt Zeiten, wo das Dumpfe und Gewöhnliche durch eine plötzliche Offenbarung verwandelt und mit Bedeutung aufgeladen wird.* Soweit Joyce die Epiphanie als eine eigene literarische Gattung betrachtet, hält er sich eng an das, was damit gewöhnlich gemeint ist, nämlich daß sich die Offenbarung plötzlich, wie blitzartig ereignet. Vielleicht aber können wir den ganzen *Ulysses* als eine Epiphanie ansehen, das anhaltende Aufscheinen des Geistes von Leopold Bloom in der unüberwindlichen Gewöhnlichkeit seines Daseins. Die oft bemerkte Verwandtschaft Blooms mit Don Quichote beruht darauf, daß in ihrer beider Leben das Gewöhnliche und Wirkliche vorherrscht, daß beide an die Not des Tages und an die nicht zu übersehende Absurdität ihres Körpers gefesselt und so gerade das Gegenteil des aristotelischen Helden im Glanz seiner aristokratischen Autonomie und Würde sind.** Doch Bloom und Don Quichote durch-

* Richard Ellmann unterscheidet zwischen »lyrischen Epiphanien« und »kahlen, zurückhaltenden Epiphanien« (*James Joyce,* Frankfurt 1979, S. 267). »Manchmal sind die Epiphanien ›eucharistisch‹, wieder ein Ausdruck, den Joyce anmaßend dem Christentum entlehnte und dem er weltliche Bedeutung verlieh. Das sind Augenblicke der Fülle oder der Leidenschaft. Manchmal sind die Epiphanien aus einem anderen Grunde lohnend: sie können genau den Geschmack widriger Erlebnisse wiedergeben. Der Geist, dachte Joyce bezeichnenderweise, manifestiere sich auf beiden Ebenen.« (S. 150–51)

** Indem ich das sage, übernehme ich das übliche Bild von Bloom als einem kleinen, untersetzten Mann. Tatsächlich ist er aber keineswegs klein und dick. Er ist 1,76 m groß, was eher über der durchschnittlichen Größe des Dubliners im Jahre 1904 liegen dürfte, und seine 148 Pfund sind bei seiner Größe und seinem Alter kein Übergewicht.

brechen beide die ihnen auferlegte Wirklichkeit und werden zu dem, was wir in einer Neudefinition des Wortes durchaus als Helden bezeichnen möchten. Der Weg nach unten ist, wie Heraklit gesagt hat, derselbe wie der Weg nach oben.

Die Unterschiede des persönlichen Temperaments von Joyce und Wordsworth und des Bildes, das man sich gewöhnlich von ihnen macht, sind groß, doch aus den Briefen von Joyce wissen wir, daß er in einem entscheidenden Augenblick seines schöpferischen Lebens, zur Zeit der *Dubliner*, Wordsworth außerordentlich geschätzt hat. Es sei Wordsworth, schreibt Joyce, der von allen englischen Schriftstellern am ehesten die Bezeichnung »Genie« verdiene. [59] Wir dürften in der Annahme nicht ganz fehlgehen, daß ein Hauptgrund für dieses rühmende Urteil in Wordsworths Kult der Epiphanie liegt.

Die Epiphanie hat bei Wordsworth zwei verschiedene, doch miteinander zusammenhängende Formen. Einmal ist sie das Aufscheinen des Geistes in der Natur. Die plötzliche Offenbarung teilt dem Dichter eine transzendente Botschaft mit, die etwas über das menschliche Dasein oder über die Richtung aussagt, die sein eigenes Leben nehmen soll. Ein Beispiel für diese Form der Epiphanie ist Wordsworths Erlebnis des Morgengrauens im Gebirge, das ihn dem Priesterdienst der Einbildungskraft weiht. Eine andere Epiphanie, die weniger großartig ist und mehr mit den Epiphanien von Joyce zu tun hat*, tritt unerwartet an bestimmten Personen auf – einer verlassenen hilflosen Frau, einem alten Mann auf der Straße – die ungewollt durch irgendetwas, was gesagt, getan oder nicht getan wird, plötzlich die Eigenart ihres Wesens und damit das Wunder des Daseins überhaupt erkennen lassen. Eine notwendige Voraussetzung dafür, daß diese Personen bei Wordsworth solche Epiphanien möglich machen, ist die Niedrigkeit ihrer sozialen Stellung, ja Niedrigkeit im biologischen Sinne: ein Mann, der so alt ist, daß er sich kaum mehr bewegen kann, eine von Verzweiflung betäubte Frau, ein idiotischer Junge, der vor sich hinlallt und den Namen des Mondes nicht sagen kann. Wir müssen uns fragen, ob Menschen, die so sehr am Rande des Lebens stehen, eigentlich am Menschlichen ganz teilhaben. Doch gerade deswegen hat Wordsworth sie gewählt, weil die Epiphanien zeigen, daß diese Menschen auf eindringliche Weise als

* Dazu müssen wir jedoch auch den herrlichen Augenblick am Strand zählen, als sich Stephen Dedalus die Schönheit der Welt offenbart und er, wie Wordsworth, dazu gebracht wird, sich als Priester der Kunst zu weihen.

menschliche Wesen existieren, wobei die Betonung nicht so sehr auf »menschlich« sondern auf »Wesen« liegt. Die Kraft, die für Wordsworth in dem Wort »sein« liegt, läßt sich nicht überschätzen. Er gebraucht dieses Wort, als sei es für ihn der Name Gottes. Als er seiner Schwägerin zu einem richtigen Urteil über sein Gedicht »Entschluß und Unabhängigkeit« verhelfen will, sagt er: »Was ist dargestellt? ›Ein einsamer Ort, ein Teich, an dem ein alter Mann *war*, fern von jedem Heim oder Haus‹ – er stand nicht da, er saß nicht, sondern ›war‹ – die Gestalt ist in der nacktesten Einfachheit dargestellt, die nur denkbar ist.« *

In der kritischen Literatur über Wordsworth taucht der Name Rousseaus heute seltener auf als noch vor einigen Jahrzehnten. Sicherlich ist die Revision unserer Einschätzung des Einflusses von Rousseau berechtigt, doch sollte *eine* Beziehung zwischen beiden nicht vergessen werden – die Leidenschaft, mit der beide ihre individuelle Daseinserfahrung betonen. Rousseau nennt dies, wie wir gesehen haben, das »Gefühl des Daseins«. Wordsworth bezeichnet es ebenso. Für beide war dieses Daseinsgefühl eine unbestreitbare Anschauung, und es hatte für sie dieselbe Bedeutung wie für Walt Whitman, der gesagt hat, es sei die »unerschütterlichste Grundtatsache und der einzige Zugang zu allen übrigen Tatsachen«. Gemeint sind damit die Tatsachen des gesellschaftlichen und politischen Lebens – durch unsere bewußte Vergewisserung unseres persönlichen Selbstseins erlangen wir ein Wissen von den anderen.

2.

Der Gedanke der Aufrichtigkeit spielt natürlich in unsere Überlegungen immer hinein, ob wir nun von Wordsworth oder von Rousseau sprechen. Das berührt jedoch nicht – oder zumindest nicht in erster Linie – ihr ontologisches Interesse am Gefühl des Daseins und die Bedeutung, die es für sie hat. Ich habe schon erwähnt, wie widersinnig es wäre, wenn wir von Abraham sagen wollten, er sei aufrichtig gewesen oder er sei es nicht gewesen. Nicht viel anders wäre es, wenn wir über die Aufrichtigkeit der Hauptfigur in Wordsworths Gedicht *Michael* urteilen wollten, der, wie Abraham, ein Schäfer, ein Ahne und uralt ist. Das Gedicht erreicht seinen Höhepunkt in einer Zeile, die man nicht

* Wordsworth zitiert (in seinem Brief vom 14. Juni 1802) eine frühere, heute verlorene Fassung des Gedichtes.

wieder vergißt, wenn man sie einmal gelesen hat: Nachdem Michael seinen Sohn Lukas an das korrupte Leben der Stadt verloren hat, baut er weiter an der Schafhürde, die er feierlich mit seinem Sohn begonnen hatte, und seine Nachbarn erzählen, daß er manchmal den ganzen Tag dasaß und nicht einen einzigen Stein aufhob. Es wäre mehr als widersinnig, ja fast ungehörig, wenn man die Frage nach der Aufrichtigkeit dieser Trauer stellen wollte, und sei es auch nur, um sie zu bejahen. Die Unmöglichkeit, eine derartige Frage zu stellen, hat wesentlich mit unserer Erfahrung des Gedichts zu tun. Michael sagt nichts, er *drückt nichts aus*, es ist bei ihm nicht wie bei Hamlet, daß etwas in ihm vorgeht, was »über allen Schein«. Hier gibt es kein Innen und Außen – er und seine Trauer sind eins. Es kann also nicht von Aufrichtigkeit die Rede sein. Michaels Sohn – sozusagen sein In-Trauer-Sein – empfinden wir als etwas Überraschendes, so als wäre seine Wirklichkeit außergewöhnlich und wertvoll. Wenn wir ein Wort suchen, das das Wesentliche an diesem Zustand bezeichnet und zum Ausdruck bringt, wieviel er uns bedeutet, dann sprechen wir von »Authentizität«.

Es ist ein bedeutungsschweres Wort. Wenn wir mit Bezug auf das menschliche Dasein von Authentizität, Echtheit sprechen, dann verwenden wir das Wort so wie im Museum Fachleute, die prüfen, ob Kunstwerke wirklich sind, was sie zu sein scheinen oder sein sollen, ob sie den für sie geforderten Preis wert sind oder ob sie, wenn der schon gezahlt ist, die Bewunderung verdienen, die man ihnen entgegenbringt. Daß das Wort in den Moraljargon unserer Tage Eingang gefunden hat, weist darauf hin, wie sehr wir unsere Existenz als problematisch empfinden und um die Glaubwürdigkeit unseres individuellen Lebens besorgt sind. Was uns dabei beunruhigt, hat ein Ästhetiker des achtzehnten Jahrhunderts bündig formuliert: »Wie kommt es«, sagt Edward Young, »daß wir als Originale geboren werden und als Kopien sterben?«

Die Antwort auf diese Frage fällt uns nicht schwer. Seit Rousseau wissen wir, daß es die Gesellschaft ist, die unsere Authentizität zerstört – unser Daseinsgefühl ist von der Meinung anderer abhängig. Das Ideal authentischen Selbstseins steht im Zentrum des Rousseauschen Denkens, und doch erscheint es mir, so überzeugend es auf die Zeitgenossen Rousseaus gewirkt haben mag, als zu abstrakt und zu maßvoll, um die moderne Einbildungskraft beherrschen zu können. Die Authentizität, die die *Erste Abhandlung* dem vorgesellschaftlichen Menschen zuschreibt, scheint uns lediglich darin zu bestehen, daß er nicht unauthentisch ist, so wie der republikanisch gesonnene Bürger Genfs allein schon dadurch authentisch ist, daß er kein Pariser ist, was am deutlichsten darin zum Ausdruck kommt, daß er ein Wochenendhäuschen besitzt, ein Gewehr und ein paar Freunde hat, mit denen er trinkt oder auf die Jagd geht. Unser heutiges Gefühl für Authentizität schließt ein bestimmtes Maß von rauher Konkretheit oder Extremismus ein, welche Rousseau in seiner unverbrüchlichen Treue zum Ideal patrizischer Bürgerlichkeit vermissen läßt, während wir sie bei Wordsworth stark ausgeprägt finden. Michael ist so wirklich, so hart, fest, schwer und widerstandsfähig wie jeder Stein, den er aufhebt oder liegen läßt.

Coleridge hat an einer von Wordsworths Epiphanien authentischen Daseins heftig Anstoß genommen – *The Idiot Boy,* sagt er, muß die Gefühle des Lesers unbedingt verletzen. Heute teilen wir diese Meinung weniger, als wir es früher vielleicht getan hätten, aber das Gedicht weckt immer noch Abwehr in uns. Doch wenn wir es bewundern, wie es das verdient, dann kann uns nicht entgehen, daß seine Anstößigkeit beabsichtigt ist. Das weist uns darauf hin, daß Authentizität implizit ein polemischer Begriff ist, dessen Wesen es ausmacht, daß er herkömmliche und gängige Meinungen, insbesondere ästhetische, dann aber auch gesellschaftliche und politische Anschauungen in Frage stellt. Ein Gegenstand dieser Polemik, der sowohl einen ästhetischen wie einen gesellschaftlichen Aspekt hat, ist die irrtümliche Ansicht, daß Schönheit das Höchste sei, was die Kunst erstreben könne.

Über das Verhältnis des Ideals der Authentizität zur Schönheit kann man sich Klarheit verschaffen, indem man sich an jene künstlerische Qualität erinnert, die den Namen des Erhabenen trägt oder einmal trug. Das Erhabene und das Authentische sind sicherlich nicht dasselbe, aber sie haben gemeinsam, daß sie beide in einem entschiedenen Gegensatz zum Schönen stehen. Edmund Burke gibt in seiner *Philosophical Enquiry into the Origin of our Ideas of the Sublime and Beautiful* zu erkennen, daß er sich über die gesellschaftliche Bedeutung des Gegensatzes, den er zwischen den beiden Qualitäten der hohen Kunst – dem Erhabenen und Schönen – aufstellt, vollkommen im klaren ist. Dieser brillante junge Mann aus der Provinz, der eine Karriere vor sich sieht und fest entschlossen ist, sie auch zu machen, läßt uns nicht im Zweifel, worauf seine ästhetische Vorliebe, seine Entscheidung für das Erhabene und gegen das Schöne, beruht: sie ist diktiert von seinem Sinn für die Verfassung der Gesellschaft, wie sie sich beherrschen und seinen Zwekken unterwerfen läßt, und von seiner Hingabe an die Kraft seines eigenen Genies. Ausdrücklich verknüpft er das Erhabene mit der

Männlichkeit, mit männlichem *Ehrgeiz,* und definiert es durch sein Vermögen, das Gefühl des »Schreckens« *(terror)* zu erregen, das in uns die Fähigkeit weckt, ihm standzuhalten und seiner Herr zu werden. Die Erfahrung des Schreckens weckt die Kraft der Aggression und der Unterwerfung anderer. Schönheit dagegen hängt mit Weiblichkeit zusammen. Sie verführt den Mann zu unrühmlicher Trägheit und unedlem Hedonismus. Burkes Beschreibung dessen, was unter dem verheerenden Einfluß der Schönheit im männlichen Organismus vorgeht, ist vielleicht die einzige wirklich erheiternde Passage in der langen Geschichte ästhetischer Theorie. Schönheit, heißt es da, ist diejenige Eigenschaft eines Gegenstandes, die Liebe erregt. Sie wirkt, indem sie das »Feste im ganzen Organismus des Betrachters« auflöst und folgendes geschieht: »Der Kopf neigt sich ein wenig zur einen Seite, die Augenlider sind mehr geschlossen als gewöhnlich, und die Augen umspielen sanft und voller Zuneigung den Gegenstand, der Mund ist etwas geöffnet und der Atem geht langsam, hin und wieder mit einem tiefen Seufzer: der ganze Körper ist ruhig, die Hände fallen schlaff zur Seite. All dies ist von einem inneren Gefühl des Schmelzens und der Schlaffheit begleitet.« [61]

Burkes Abwertung der Schönheit gegenüber der durch das Erhabene geweckten Kraft hat auf die ästhetische Theorie seiner Zeit einen großen Einfluß ausgeübt. Schiller beispielsweise hat unter dem Einfluß der Schrift Burkes gelehrt, daß es zwei Formen der Schönheit gebe – einmal eine »schmelzende Schönheit«, die unsere physische und moralische Natur auflöst, zum andren eine »energische Schönheit«, die uns schweren, harten und unangenehmen Erfahrungen aussetzt, um unser Gemüt »anzupassen und seine Schnellkraft zu vermehren«. Beide Wirkungsarten der Schönheit, lehrt er, tragen zur Entwicklung des Menschen bei, und ihr Nutzen ist von dem jeweiligen Bildungsstand eines Zeitalters abhängig. Als Schiller zwischen 1793 und 1801 seine Briefe *Über die ästhetische Erziehung* schrieb, neigte er zu der Ansicht, daß die energische Schönheit an der Zeit sei. »Für den Menschen unter der Indulgenz des Geschmacks ist die energische Schönheit Bedürfnis, denn nur allzugern verscherzt er im Stand der Verfeinerung eine Kraft, die er aus dem Stand der Wildheit herüberbrachte.« [62]

Noch einmal werden wir hier daran erinnert, welche Rolle Rousseau in der ästhetischen Revolution des ausgehenden achtzehnten Jahrhunderts gespielt hat. Burke ist der legendäre Gegenspieler Rousseaus und Schiller sein Schüler, aber beide geben eine Antwort auf sein Argument, das die Künste verdammt, weil sie *gefallen* wollen. Eben dies war es, was die Künste in Rousseaus Augen zu einem Paradigma der Gesellschaft und der von ihr ausgehenden charakteristischen Schwächung des Daseinsgefühls werden ließ. Wenn Burke sagt: »Schönheit nenne ich eine gesellschaftliche Eigenschaft«, so meint er im Grunde dasselbe wie Rousseau, der den Künsten die Wirkung zuschrieb, den Menschen zu vergesellschaften, das heißt, ihn träge und fügsam zu machen. Gemeinsam aber ist Burke, Schiller und Rousseau die Überzeugung, die Künste könnten eine andere Absicht und Wirkung haben als die, zu gefallen, und zu einem anderen Zweck dienen als dem, ihr Publikum zu verzärteln.

Hier sollten wir vielleicht auf eine kleine semantische Schwierigkeit aufmerksam machen. Eine der Bedeutungen, die in dem Wort *please* (gefallen) mitschwingt, läßt es uns auf Gegenstände beschränken, die vergleichsweise klein und unbedeutend sind und an denen man »Geschmack« *(taste)* finden kann. Burke nennt Kleinheit ausdrücklich als Attribut der Schönheit. Eine andere Bedeutung, die in *please* mitschwingt, ist die Vorstellung gesellschaftlicher Gefälligkeit. Das Wort *pleasure* (Vergnügen, Lust) jedoch vermag diese unedlen Bedeutungen zurückzudrängen und andere von größerer Würde an ihre Stelle zu setzen, zweifellos wegen seiner gewohnten Verbindung mit dem Wort *pain* (Schmerz, Unlust) und auch wegen der Verschmelzung von Vergnügen und Schmerz, der Burke seine besondere Aufmerksamkeit widmet. Infolgedessen wird das Vergnügen, *pleasure,* in der ästhetischen Theorie noch lange als eigentlicher Zweck der Kunst festgehalten. Das Erhabene gefällt nicht, aber es bereitet Vergnügen, wenigstens insoweit Lust gleichbedeutend ist mit Befriedigung. Es erzeugt, wie Burke sagt, »eine Art Aufwallung und Triumphgefühl, das dem menschlichen Bewußtsein ungemein wohltut.« [63] Erst in unserer Zeit haben die Kritiker es aufgegeben, die Kunst durch das Vergnügen zu legitimieren, das sie bereitet, und meinen sogar, wie Susan Sontag, daß das Vergnügen mit künstlerischer Erfahrung nichts zu tun habe.* Diese Ansicht, die uns ein wenig verblüfft, ohne uns gänzlich aus der Fassung zu bringen, ist von zwei Jahrhunderten ästhetischer Theorie und künstlerischer

* Die Trennung von Vergnügen und künstlerischer Erfahrung beschränkt Susan Sontag lediglich auf die ihrer Ansicht nach angemessene Einstellung zu Kunstwerken unserer Zeit (*Against Interpretation,* New York, 1966; dt. unter dem Titel *Kunst und Antikunst,* Reinbek, 1968). Das gegenwärtige Verhältnis des Vergnügens zur Kunst habe ich in meinem Aufsatz »The Fate of Pleasure« (in: *Beyond Culture,* New York und London, 1965) behandelt.

Praxis vorbereitet worden, die immer weniger bereit waren, auf die gewohnten Vorlieben des Publikums Rücksicht zu nehmen. Der Künstler, wie er jetzt genannt wird, ist nicht mehr der Handwerker oder der Ausführende, der vom Beifall des Publikums abhängig ist. Er beruft sich nur noch auf sich selbst oder auf eine transzendente Macht, die sein Vorhaben verfügt hat und allein würdig ist, es zu beurteilen.

Zu Recht erscheint uns diese Veränderung als eine Revolution und es liegt dann nahe, sie mit der sozialen Revolution in Verbindung zu bringen: Das Publikum dankt ab, der Künstler tritt auf – *»À bas, les lecteurs – à la lanterne!«* In Wirklichkeit ist die Situation jedoch viel komplizierter. In seiner bewundernswerten Darstellung der ästhetischen Revolution, *The Mirror and the Lamp,* bezeichnet M. H. Abrams das Los des Publikums als »drastisch«, und das ist es. Dieses Los besteht jedoch nicht einfach darin, daß das Publikum seiner alten Stellung und seiner Privilegien verlustig geht, es gewinnt durch diesen Verlust auch etwas. Sein Los ist ebenso paradox wie drastisch: das Publikum geht unter, aber es tut einen glücklichen Fall. Es verliert das Paradies erfüllten Verlangens, aber dafür wird ihm Erlösung und ein höheres, bedeutungsvolleres Leben verheißen. Das moderne Publikum scheint es offensichtlich nicht zu bedauern, daß es Gunst und Schmeichelei gegen die Schwierigkeiten seines neuen Verhältnisses zur Kunst einzutauschen hatte. Im Gegenteil, die Verehrung, die man nun der Kunst entgegenbringt, ist vielleicht noch größer, als sie es in der Geschichte der Kultur je gewesen ist. Diese Verehrung nimmt die Form einer höchsten Forderung an: Jetzt, da die Kunst nicht mehr zu gefallen braucht, erwartet man von ihr, daß sie die geistige Substanz des Lebens liefert. Das bedeutet für den Künstler, daß er, obgleich er seine vollkommene Autonomie behauptet und sein Publikum gleichgültig, feindselig oder verächtlich ansieht, die Gewißheit hat, er allein könne geben, was das Publikum im Tiefsten brauche.*

* Ich bin mir dessen bewußt, daß diese Beschreibung des Verhältnisses des Publikums zur Kunst seiner Zeit inzwischen überholt ist. Sie bezieht sich auf ein Publikum und die Kunst einer Periode, die von den Kulturhistorikern heute als die »Moderne« bezeichnet wird. Sie ist ihrer Meinung nach bereits Vergangenheit und es folgt ihr eine Periode, die sie »Nach-Moderne« nennen. Heute läßt sich nicht behaupten, daß die Kunst große Ansprüche an das Publikum stellt. In dem Teil unserer Kultur, der für die Kunst überhaupt empfänglich ist, wird sie widerstandslos aufgenommen. Es ist nicht mehr so, daß die Erfahrung eines zeitgenössischen Kunstwerks zunächst Widerstände zu überwinden hat und nur langsam und schrittweise zu Verständnis und unterwürfiger Bewunderung gelangt. Heute kann der Künstler kaum etwas machen,

Anfänglich entsteht eine Schwierigkeit, weil das Publikum nicht ohne weiteres weiß, was es vom Künstler will und wie weit es sich auf ihn verlassen kann. Am Ende aber gelingt die Kommunikation. Was das Publikum vom Künstler fordert – wirklich, in seinem unbewußten Verlangen fordert – und was der Künstler geben zu müssen meint, erweist sich als dasselbe. Wir wissen natürlich, was es ist: das Gefühl des Daseins. Jene »Kraft«, von der Schiller sagt, daß der Mensch sie »aus dem Stand der Wildheit herüberbrachte« und die seiner Meinung nach in einer hochentwickelten Kultur so schwer zu bewahren ist, ist ein Synonym für das Daseinsgefühl. Es ist ein Gefühl, stark zu sein, was aber nicht heißt: mächtig. Rousseau, Schiller und Wordsworth geht es nicht um eine nach außen auf die Welt gerichtete Kraft von Aggression und Herrschaft, sondern um eine Kraft, die es vermag, daß der Mittelpunkt unverrückbar bleibt, die Oberfläche des Selbst nicht zerreißt und die Person ein Ganzes ist, undurchdringlich, beständig und autonom in ihrem Sein und möglichst auch in ihrem Handeln.*

Das ganze neunzehnte Jahrhundert hindurch ist es eine der Hauptabsichten der Kunst, dem Publikum das Gefühl des Daseins zu vermitteln und die primitive Kraft zu erneuern, die durch eine hochentwickelte Kultur geschwächt wurde. Zu diesem Zweck empfiehlt es eine Reihe verschiedner spiritueller Übungen, wie zum Beispiel Leiden, Verzweiflung, kosmischer Trotz, bewußte Sympathie mit dem Dasein anderer, Verständnis der gesellschaftlichen Prozesse und soziale Entfremdung. Im Laufe des Jahrhunderts wird das Daseinsgefühl, das Gefühl, stark zu sein, immer mehr der Vorstellung persönlicher Authentizität subsumiert. Das Kunstwerk selbst ist seiner ganzen Selbstdefinition nach authentisch. Man meint, daß es gänzlich aus den Gesetzen seines eigenen Seins lebt und deswegen das Recht hat, schmerzliche, gemeine oder gesellschaftlich nicht gebilligte Themen darzustellen. In ähnlicher Weise sucht der Künstler seine persönliche Authentizität in seiner vollkommenen Autonomie, mit dem Ziel, sich ebenso wie das Kunstwerk, das er schafft, durch sich selbst zu definieren. Das Publikum seinerseits erwartet, daß es durch den Umgang mit dem Kunstwerk, so widerständig,

was dem Publikum wirklich etwas abverlangt und seine gewohnten Sehgewohnheiten schockiert. Dem Publikum gefällt etwas oder es gefällt ihm nicht – das »Geschmacksurteil« hat sich wieder ins Zentrum der Kunsterfahrung gesetzt.

* Hier unterscheidet sich Schiller natürlich von Burke, der, wie wir gesehen haben, großen Wert auf den »Ehrgeiz« legt, den die Kunst in der von ihm am meisten bewunderten Form freisetzt.

unangenehm, ja abweisend es sein mag, eine Authentizität erwirbt, deren Modell das Kunstwerk und für die der Künstler als Person ein Beispiel ist. Wenn Roquentin, die Hauptfigur in Sartres *Ekel*, sich am Ende seines Tagebuchs qualvoller Verzweiflung eine einzige Hoffnung gestattet, dann die, eine Geschichte zu schreiben, die so schön und hart sein wird wie Stahl und die Menschen dazu bringen soll, sich ihrer eigenen Existenz zu schämen. [64] Das authentische Kunstwerk belehrt uns über unsere Inauthentizität und beschwört uns, sie zu überwinden.

Die von Sartre bewunderte jüngere Kollegin Nathalie Sarraute bemerkt in ihrem Aufsatz über Flaubert, daß das, »was man heute das Nicht-Authentische nennt« und was uns so selbstverständlich geworden ist, einmal eine »neue psychische Substanz« war, deren Entdeckung wir Flaubert verdanken, der sie in *Madame Bovary* sichtbar gemacht oder nachgeschaffen habe. Die Hauptfigur des Romans ist dadurch erschöpfend charakterisiert. »Jeder erinnert sich«, schreibt Nathalie Sarraute, »dieses trügerischen Universums. Die Welt, die Madame Bovary sieht, all ihre Begierden, ihre Vorstellungen, all ihre Träume, nach denen sie ihre Existenz einzurichten sucht, wurden durch eine Folge von Farbbildern verursacht, die die am meisten heruntergekommenen Formen der Romantik geliefert haben. Man erinnert sich an die Träumereien des jungen Mädchens, an ihre Heirat, ihre Sehnsucht nach Luxus, ihre Vorstellungen vom Leben der Großen dieser Welt, vom Milieu der ›Künstler und der Bohème‹, vom Leben in Paris, ... all diese Rollen, die sie unablässig spielt und sich vorspielt, all das ist in den banalsten Konventionen begründet.« [65]

Damit ist natürlich nichts Neues über Madame Bovary gesagt, es ist nichts anderes, als man gewöhnlich über sie sagt. Ich glaube jedoch, daß dieses Bild nicht ganz zutreffend ist und daß die arme todgeweihte Emma, bei allem Nicht-Authentischen, durchaus kein Wesen ohne Wirklichkeit und Wert ist. Sie ist sicherlich, wie man ohne weiteres zugeben kann, keine Person von feinster Prägung, doch ihre Gaben sind nicht gering zu schätzen. Sie hat bis zu einem gewissen Grade Mut, wenn auch von der unbesonnenen Art, ein anziehendes Äußeres, eine, wenn sie einmal erregt ist, fordernde Sexualität, eine Phantasie, die sich für die Erfahrung begeistert und sich eine Gesellschaft ausmalt, in welcher die Menschen interessant und wertvoll sind, und schließlich einen Willen, der die Nichtigkeit ihres Daseins überwinden und etwas schaffen oder ergreifen möchte, das Leben genannt zu werden verdient. Zweifellos fehlt es ihr an Temperament, doch nicht völlig und nicht genug, um die Herablassung zu rechtfertigen, mit der die meisten Leser glauben sie betrachten zu dürfen. Ich habe Nathalie Sarrautes Version der üblichen Ansicht jedoch zitiert, weil ihr schonungslos kritischer Ton darauf hinweist, mit welcher moralischen Intensität wir Fragen der Authentizität behandeln. Die unglückliche Emma Bovary war authentisch mindestens darin, daß sie bis zum Wahnsinn unglücklich war, und durch die besondere Schrecklichkeit ihres Todes. Aber das ihr zu Recht vorzuhaltende Nicht-Authentische erlaubt es Nathalie Sarraute nicht, mit dem hilflosen Geschöpf auch nur ein wenig Mitleid zu haben. Die literarischen Texte von Nathalie Sarraute zeigen eine ähnliche Strenge des Urteils, angefangen von ihrem ersten Buch *Tropismen,* das uns vor die Frage stellt, warum eine so begabte und herrische Autorin ihren Scharfblick auf so *kleine* und, so wie sie sie schildert, eigentlich nur nebensächliche Personen richtet, deren Dasein, winzig und nicht-authentisch wie es ist, sie, wie wir meinen möchten, doch gar nicht berühren sollte. Warum steigt sie von der Höhe ihres privilegierten Daseins herab, um ihr Mißfallen über die Nichtigkeit dieser Personen zum Ausdruck zu bringen, die, wie der Titel des Buches sagen will, doch gar keine Personen sind?

Die Antwort findet man in dem berühmten Satz, mit dem Sartres Vision der modernen Verdammnis, *Huis clos,* schließt: »Die Hölle, das sind die anderen.« Diese Maxime wird von einer Person geäußert, die sich auf abstoßende Weise selbst betrügt, und sie entspricht keineswegs dem, was das Stück vertritt, das eher Miltons »Ich selbst bin die Hölle« nahesteht. Jene Maxime ist jedoch die bezeichnende moderne Abwandlung der älteren Wahrheit, indem sie das infernalische Ende des modernen gesellschaftlichen Daseins verkündet, wie Rousseau es beschrieben und beklagt hatte, weil in ihm das Gefühl des individuellen Daseins von anderen Menschen abhängig ist. Alle anderen, die ganze Gesellschaft auf allen Stufen des Gefühls und der kulturellen Entwicklung – das ist die Hölle einer erkannten und erlittenen Inauthentizität, es ist das bewohnte Nichts der modernen Welt. Die anderen sprechen zu uns über das, was wir selbst sind, jeder ist ein Teil des anderen. Einige Ausnahmen gibt es: die Armen, die Unterdrückten, die Gewalttätigen, die Primitiven. Doch wer auch immer in der gesellschaftlichen Ordnung, der wir angehören, einen Platz einnimmt, von dem wissen wir, daß das Verhängnis auch ihn ereilt. Es ist gleichgültig, wie klein dieser Platz ist, wenn man sich auf ihm nur halten kann. Wenn Sartre auf ein Beispiel nicht-authentischen Seins eingehen will, dann wählt er eine Person, die so gering, so unbedeutend ist wie nur eine der Figuren aus *Tropismen* – jenen allbekannten Kellner, der sich nicht als ein menschliches Wesen sieht, sondern als einen Kellner, und der seine Erfüllung darin findet, daß er die ihm zugewiesene Rolle spielt. Freud hatte gemeint, daß wir alle krank seien. Ebenso kann man sagen, daß wir alle nicht authentisch sind.

Es ist also nicht Kälte, die Nathalie Sarraute so verächtlich von Madame Bovary sprechen läßt, es ist Angst – das Grauen (so Sartre in einem Aufsatz über Nathalie Sarraute) vor der Hölle der Entmenschlichung, die das Nicht-Authentische ist. Nathalie Sarraute hat, Sartre zufolge, »eine protoplasmatische Vorstellung von unserem inneren Universum: man nehme den Stein des Gemeinplatzes weg, und man findet Eiter, Geifer, Schleim, zaudernde, amöboide Zuckungen«. Unter »Gemeinplatz« – diesem »ausgezeichneten Wort« – versteht Sartre unsere abgedroschensten Gedanken, insofern sie zu Plätzen geworden sind, »auf denen die Gemeinschaft sich trifft«. Er fährt fort: »Jeder findet sich dort und findet dort die anderen. Der Gemeinplatz gehört allen, und er gehört mir; er gehört in mir allen anderen, er ist die Anwesenheit aller in mir. Sein Wesen ist die Allgemeinheit, um ihn mir anzueignen, bedarf es einer Tat: einer Tat, durch die ich auf meine Eigenart verzichte, um mich dem Allgemeinen anzuschließen, um die Allgemeinheit zu werden: nicht allen anderen ähnlich, sondern, genauer, die Inkarnation von allen anderen.« [66] Das ist die Hölle, und das Grausamste an ihr sind die Täuschungsmanöver, mit denen sie alle unsere Anstrengungen zunichte macht, uns der Allgemeinheit des Gemeinplatzes zu entwinden und mit der Authentizität eines besonderen Wesens hervorzutreten. Wenn wir Madame Bovary weniger bemitleiden, als ihr Schicksal verdient, wenn wir uns, sei es herablassend wie viele oder verächtlich wie Nathalie Sarraute, von ihr distanzieren, dann tun wir dies, weil wir eine Haltung finden müssen, um die Angst beherrschen zu können, die das Schicksal dieser verdammten Seele hervorruft, wenn sie bei dem Versuch, der Hölle des Gemeinplatzes in Yonville zu entfliehen, in die Hölle der hohen Kultur ihres Volkes gerät. Wenn wir nicht den Abstand der Verachtung zwischen uns und sie legen, dann müssen wir erkennen, daß Flaubert kein unsinniges Paradox aussprach, als er sagte *»Madame Bovary – c'est moi«*. Wir müssen dann erkennen, daß jeder von uns Madame Bovary ist.

»Wir alle haben in unserer Seele Punkte, wo jeder ganz alleine steht«, so schrieb Wordsworth 1805, und es sieht so aus, als wäre der machtvolle Zauber dieser Punkte der Vereinzelung mit der Zeit nicht schwächer geworden. Wie aber kann man sie finden? Bei aller Herablassung, mit der Nathalie Sarraute von den naiven Absichten der Gattung des Romans in der unserer Zeit vorausgehenden Periode spricht, befreit sie sich doch nicht – und will es auch nicht – von der traditionellen pädagogischen Funktion des Romans. Nicht weniger als Jane Austen geht es ihr darum, ihren Lesern zu sagen, wie sie nicht sein dürfen, wenn sie wirklich *sein* wollen. Wie man nicht sein darf, läßt sich wenigstens leicht begreifen: wir sollen nicht sein wie irgendein anderer. Aber wie kann man dahin gelangen? Wir werden mutlos, wenn wir von Nathalie Sarraute erfahren, daß Flaubert selbst, mit der einzigen Ausnahme von *Madame Bovary,* in allen seinen Romanen nicht-authentisch ist. Doch zumindest kann der Künstler, in einigen Fällen, der allgemeinen Hölle entgehen, und zwar, wie Nathalie Sarraute meint, deswegen, weil er seine Subjektivität von allen Unreinheiten der Konvention und der Tradition gereinigt hat und die Gemeinplätze, die die Kultur ihm zu seinem Wohlbefinden und zu seiner Bequemlichkeit auf hinterhältige Weise anbietet, von sich weist. Auf der Seite des Lesers freilich sind wir in einer weniger glücklichen Lage.

Nathalie Sarraute zufolge beruht das Nicht-Authentische Emma Bovarys darauf, daß sie Bilder, »die die am meisten heruntergekommenen Formen der Romantik geliefert haben«, zum Stoff ihrer Träume macht. Hätte Madame Bovary, so fragen wir uns, authentischer gelebt, wäre ihr Daseinsgefühl der Einzelheit und Besonderheit näher gekommen, wenn sie mit anspruchsvollerem Geschmack in schönen, kostbaren Bildern einer glaubwürdigeren Form von Romantik geträumt hätte? Wird nicht jede Kunst – und sei ihre Authentizität auch noch so verbürgt und ihre Wahrhaftigkeit noch so erschütternd – das Nicht-Authentische bei denen fördern, die ihre Erfahrung bewußt durch sie prägen lassen? Als Nietzsche das furchtbare Wort vom »Bildungsphilister« prägte, dachte er an das in besonderer Weise Nicht-Authentische eines Lebens, das auf die besten Bildungsgüter gebaut ist. Er meint damit eine Umkehrung des bürgerlichen Widerstandes gegen die Kunst, den man gewöhnlich als Philistertum bezeichnet: die Kunst und das Denken der hohen, ja der höchsten Kultur werden den Zwecken einer moralischen Beglaubigung dienstbar gemacht, was sich in unserer Zeit daran zu erkennen gibt, wie leicht die Herausforderung durch die Kunst genommen wird und man sich ohne weiteres zu dem Kreis derer zählt, die erlöst sind, weil sie sich selbst als verdammt betrachten.

Rousseau behält weiterhin recht. Zwar suchen die Künste nicht mehr zu »gefallen«, doch das war nie die einzige Technik der Verführung. Noch immer vermag die Kunst uns dazu zu bringen, daß wir das Gefühl unseres Daseins von der Meinung anderer abhängig machen. Die vereinte Anstrengung einer Kultur oder eines Teils von ihr, Authentizität zu gewinnen, erzeugt ihre eigenen Konventionen, Gemeinplätze und Maximen, all das, was Sartre mit einem von Heidegger übernommenen Wort als »Gerede« bezeichnet. Zum Gerede hat nun auch Sartre selbst etwas beigesteuert, ebenso wie Nathalie Sarraute, wie Gide, Lawrence – so wie es jeder tun muß, wenn er unserem modernen Bedürfnis, an unser Elend erinnert zu werden und Gründe zu finden, warum wir uns unseres Lebens zu schämen haben, entsprechen will.

V.
Authentizität und Gesellschaft

1.

Joseph Conrads große Erzählung *Herz der Finsternis* [67], die zwei Jahre vor dem Ende des neunzehnten Jahrhunderts herauskam, will mir als der beispielhafte literarische Ausdruck der modernen Sorge um Authentizität erscheinen. Obwohl dieses beunruhigende Werk keine greifbare polemische Absicht hat, enthält es doch die Summe der radikalen Kritik an der europäischen Zivilisation, die in den Jahren seit seiner Veröffentlichung von der Literatur vorgebracht worden ist.

In mancher Hinsicht hat die Geschichte eine erstaunliche Ähnlichkeit mit Diderots *Neveu de Rameau.* Ein Mann von unanfechtbarem moralischem Charakter, empfindsam und nachdenklich, aber ohne alle Neigung, an das Leben radikale Fragen zu stellen, kurz ein »ehrliches Bewußtsein«, ein Diderot-*Moi,* tritt einem *Lui* gegenüber, der zwar kein wildes Genie des Zynismus ist wie Diderots Rameau, sondern ein Mensch, dessen üble und blutige Taten uns das Recht geben, ihn in der Sprache der Erzählung einen Teufel zu nennen. Marlow jedoch, das »ehrliche Bewußtsein«, das die Geschichte erzählt, bewundert Kurtz und ist ihm gegenüber loyal bis zur Unterwürfigkeit, und zwar nicht, wie man meinen könnte, trotz, sondern wegen seiner Handlungsweise.

Wie bei Diderots Rameau ist es so gut wie unmöglich, Kurtz' Charakter zugleich erschöpfend und genau zu beschreiben. Wesentlich für sein Schicksal ist, daß er in eine der schamlosesten politischen Heucheleien verwickelt ist, die jemals ausgeheckt wurden. Die von Bismarck 1884 einberufene Berliner Kongokonferenz setzte den König von Belgien, Leopold II., als Eigentümer und Souverän des sogenannten Unabhängigen Kongostaates ein. Leopold herrschte durch seine Stellvertreter absolut und rücksichtslos, mit ungeheuerlicher Grausamkeit, doch dem königlichen Tartuffe gelang es ohne Schwierigkeiten, die Welt davon zu überzeugen, daß er das Werk der Zivilisation tat und den Brüdern in der Dunkelheit Licht brachte. Kaum hat Marlow den Kongo betreten, erkennt er betroffen die Diskrepanz zwischen den erklärten wohltätigen Absichten und der schrecklichen Wirklichkeit herzloser Unterdrückung. Kurtz jedoch tut, eine Zeitlang wenigstens, seine Arbeit als Agent einer der großen belgischen Handelsgesellschaften in dem Glauben, das Land nicht nur dem Handel zu erschließen, sondern das Licht zu verbreiten, das von Europa ausgeht. An keiner Stelle gibt die Geschichte einen Hinweis, daß er die riesige Heuchelei, die seine Nation begeht, erkennt, geschweige denn verabscheut.

Wir erfahren, daß ganz Europa zu dem, was Kurtz geworden ist, beigetragen hat: seine Eltern sind gemischter Nationalität, er dilettiert, mehr oder weniger begabt, in den Künsten, als Schriftsteller, Maler und Musiker und er bekennt sich zu der rationalen altruistischen Ethik der gebildeten wohlmeinenden Europäer. Zunächst hört Marlow von ihm als von einem Mann überlegener intellektueller und moralischer Qualitäten, die ihn von seinen Kollegen unterscheiden und zum Gegenstand des Neides und der Gehässigkeit machen. Die Entdeckung, daß Kurtz, der sich alleine am oberen Kongo auf Elfenbeinsuche begeben hat, zum Häuptling und eigentlich zum Gott eines lokalen Stammes geworden ist und dort eine besonders grausame Herrschaft ausübt, bringt die überraschende Peripetie der Erzählung.

Zweifellos hat Kurtz das Leben in der Wildnis nicht aus irgendeiner sentimentalen Illusion gewählt, daß es edel und ehrenhaft sei. Im Gegenteil, er ist davon abgestoßen – einer seiner hochmütigen Berichte über die Eingeborenen, den Marlow nach seinem Tod liest, bricht mit dem hingekritzelten Satz ab: »Rottet all diese Bestien aus!« Auch Marlow, der die erschreckende Faszination des wilden Lebens selbst erfährt, gesteht ihm nichts von dem Zauber zu, den die Anthropologen im Stammesleben entdecken. Er kann nicht umhin, den männlichen Reiz der Eingeborenen zu bewundern, doch die Kultur, die sie hervorgebracht haben, erscheint ihm schmutzig und abstoßend, in ihrer Weise nicht weniger böse als die europäische Kultur, von der sie unterdrückt wird. Sein Wort dafür ist biblisch und endgültig: »Schändlichkeit«. Marlow meint auch nicht, daß Kurtz in irgendeinem persönlich-moralischen Sinne dadurch Erlösung gefunden habe, daß er sich der Wildheit ergab: er hat sich von keinem der europäischen Laster, nicht einmal von der Habgier, befreit. Nichtsdestoweniger ist Kurtz für Marlow ein Geistesheros, den er verehrt, wie Theseus Ödipus auf Kolonos – er hat für die ganze Menschheit gesündigt. Durch seine Regression zur Wildheit ist Kurtz so tief wie nur möglich unter die Konstrukte der Zivilisation zur unauflöslichen Wahrheit des Menschen, zum innersten Kern seiner Natur, in sein Herz der Finsternis hinabgestiegen. Von dieser stygischen Authentizität geht Erleuchtung aus, ein Licht, von dem nicht nur die Seelen der belgischen Handelsagenten, jener Diener eines, wie Marlow sagt, »schlappen, eingebildeten, kurzsichtigen Teufels« erleuchtet werden, sondern auch die Seele der hingebungsvollen Verlobten von Kurtz, in der der ganze selbstzufriedene, sich selbst täuschende Idealismus Europas verkörpert ist. Diese edle »Angebetete«, monumental in ihrer Trauer, wirkt auf Marlow erschreckend in ihrer unerschütterbaren Überzeugung, daß ihr Geliebter ein makelloser Ritter des Altruismus gewesen ist.

Auch wenn Marlow, so gesehen, die Zivilisation als betrügerisch und schmachvoll erkennt, so stehen wir doch vor dem Paradox, daß er gleichzeitig der Zivilisation leidenschaftlich ergeben ist und sie ihm so, wie sie ist, als richtig erscheint – schlicht gesagt: sie ist englisch. Die glänzende Szene, die die Erzählung eröffnet, spielt auf einer in der Themsemündung kreuzenden Jacht – es ist eine Hymne, die Marlow und der Erzähler des Anfangs gemeinsam auf den englischen Charakter dieses Stromes anstimmen. Es wird der Eindruck beschworen, den der Fluß auf die kolonisierenden Römer gemacht haben mag – er erschien ihnen wohl nicht weniger düster, undurchdringlich und bedrohlich als der Kongo den Europäern des neunzehnten Jahrhunderts. Doch im Laufe der Jahrhunderte ist der Fluß zu einem Gegenstand der Verehrung geworden für gute Menschen, die ihn »im erhabenen Licht bleibender Erinnerungen« sehen. Auch hat die Themse ihr eigenes Licht und ist eine Quelle des Lichts für die Welt: »Helle ist seitdem von diesem Fluß ausgegangen«. Die großen Abenteurer und Siedler sind von hier losgesegelt – Marlow nennt sie »Bringer eines Funkens vom heiligen Feuer«. In ferne Länder trugen sie den »Samen von Nationen« und – nicht die geringste der Wohltaten Englands – »den Keim zum Weltreich«. Gewiß, auch aus anderen Ländern waren Abenteurer aufgebrochen – später in der Erzählung wird von den Franzosen, den Deutschen und natürlich viel von den Belgiern die Rede sein. Aber sie waren ganz anders als die Engländer. »Diese Burschen taugten im Grunde nicht viel«, sagt Marlow. »Sie waren Eroberer, und dazu bedarf es nichts als roher Gewalt... Sie rissen an sich, was sie konnten, nur darauf bedacht, sich nichts entgehen zu lassen. Es war schlicht Raub und Gewaltanwendung...« Und er fährt fort: »Die Eroberung der Welt, die im wesentlichen darauf hinausläuft, daß man sie denen fortnimmt, die eine andere Hautfarbe oder etwas plattere Nasen als wir haben, ist, genau besehen, nichts Erfreuliches. Was mit ihr versöhnt, ist die Idee allein. Eine Idee steht fraglos hinter ihr; kein sentimentaler Anspruch, sondern eine Idee; und ein selbstloser Glaube an eine Idee – etwas, das man aufrichten, vor dem man sich verneigen, dem man Opfer bringen kann...« Marlow zweifelt nicht im geringsten daran, daß allein die Engländer eine solche Idee haben.

Herz der Finsternis ist also eine Erzählung, die sich auf befremdliche Weise in zwei entgegengesetzte Richtungen bewegt – auf der einen Seite zu der Auffassung, daß die Zivilisation ihrem Wesen nach nichtauthentisch ist, und zwar so sehr, daß die persönliche Integrität ihr nur um den Preis einer Verkehrung aller ihrer erklärten Prinzipien abgerungen werden kann; auf der anderen Seite legt sie die kategorische Behauptung nahe, daß die Zivilisation die von ihr verkündeten Ziele erreichen kann und tatsächlich erreicht, wenn auch nicht umfassend, aber wenigstens in dem bedeutsamen Fall einer einzelnen Nation.

Heute ist es kaum möglich, Marlows Verherrlichung Englands ohne Ironie zu lesen, und vielen, besonders den Engländern selbst, muß sie absurd erscheinen. So wie wir heute darüber denken, läßt sich zwischen verschiedenen gegenwärtigen oder vergangenen Imperialismen nicht unterscheiden, und der Gedanke, daß eine Nation für sich mehr Tugend beanspruchen kann als eine andere, ist uns nahezu fremd geworden. Das war aber nicht immer so. Conrad selbst, der die Wahl hatte, entschied sich, Engländer zu werden, eben weil er England für eine *gute* Nation hielt, und dieses Urteil war keine Idiosynkrasie Conrads, sondern wurde von vielen geteilt, die selbst keine Engländer waren.*

In der Tat war im neunzehnten Jahrhundert die Überzeugung weit verbreitet, daß England einen moralischen Typus hervorgebracht habe, durch den es unter den Nationen einzig dastand. Diese Meinung hat bedeutenden Ausdruck gefunden in Alfred de Vignys Erzählung von dem jungen französischen Offizier, der als Kriegsgefangener des Admirals

* Dazu gehörte Freud. In einem (englisch geschriebenen) Brief an H. G. Wells aus dem Jahre 1939 sagt er: »Sie können ja kaum gewußt haben, daß der Wunsch, mich hier niederzulassen und Engländer zu werden, meine Phantasie sehr lebhaft beschäftigt hat, seit ich als achtzehnjähriger junger Mann zum ersten Mal nach England kam.«

Collingwood politische Tugend lernt, in Herman Melvilles Kapitän Vere und in Gobineaus Gestalt jenes großherzigen englischen Admirals, der in der Einsamkeit einer griechischen Insel Zufriedenheit findet. Die wichtigsten Eigenschaften dieses Moraltypus, der, wie man meinte, allein von England hervorgebracht wurde, waren Redlichkeit und Offenheit. Daß man diesen Typus, wie in den drei Beispielen, die ich angeführt habe, gerade bei Marineoffizieren antraf, ist kaum ein Zufall, denn für die Engländer selbst spielte die Seefahrerei, wie es für ein Inselvolk nicht überraschend ist, in ihren Vorstellungen von einem moralischen Leben eine besondere Rolle. Im Seeoffizier bewunderte man ein Berufsethos, das eine unbedingte Pflichterfüllung gebot, eine anhaltende Konzentration der persönlichen Energien auf ein unpersönliches Ziel und die Unterordnung des Selbst unter ein allgemeines Gut. Der Offizier entsprach den Imperativen dieses Moralkodex so sehr, daß man ihm in besonderer Weise Zielbewußtsein und Offenherzigkeit zusprach. Nicht zuletzt flößten seine Fähigkeit, mit den praktischen Problemen eines komplizierten Handels fertigzuwerden, und sein technisches Können, das er in einer mühevollen, schon im Knabenalter begonnenen Lehrzeit erworben hatte, Respekt ein. Obwohl er ein Gentleman war, *arbeitete* er. Von der Arbeit spricht Marlow am Ende des Jahrhunderts als dem großen (stillschweigend als spezifisch englisch angesehenen) Kunstgriff, mit Tapferkeit und Würde das Leben zu meistern, und als dem einzigen Schutz gegen die Verzweiflung, die dann droht, wenn wir es uns erlauben, einen Blick auf unser Dasein zu werfen. Arbeit ist das untrügliche Mittel, sich selbst gesund und unversehrt zu erhalten, so daß man vor sich selbst Achtung haben und dem eigenen Selbst treu bleiben kann.

Wenn Marlow dies sagt, klingt es seltsamerweise nicht gut. Es klingt zu glatt und zu oberflächlich, als wäre er dessen überdrüssig. Offenbar war die Arbeitsethik, wie wir heute sagen, um 1899 schon etwas verbraucht, aber sie hatte die Macht, die sie das ganze Jahrhundert hindurch über das Bewußtsein der Engländer ausgeübt hatte, noch nicht ganz eingebüßt. Die Idee der pflichtbewußt übernommenen und freudig ausgeführten Aufgabe galt im Leben der Nation als das Prinzip der Zivilisation selbst, und im persönlichen Leben blieb durch sie der Zug erhalten, auf den die Engländer am meisten stolz waren – ihre Aufrichtigkeit, womit sie ihr entschlossenes Verhältnis zu den Dingen, zueinander und zu sich selbst meinten.

Emerson zweifelte nicht im geringsten daran, daß der entscheidende

Wesenszug des englischen Charakters die Aufrichtigkeit war. In seinen 1856 erschienenen *English Traits* geht er häufig und mit lebhafter Bewunderung darauf ein. Aufrichtigkeit, meint er, ist die Grundlage des nationalen moralischen Stils der Engländer. »Wir wollen mit einem Menschen, der eine Maske trägt, nichts zu schaffen haben«, läßt er seine Engländer sagen. »Wir wollen die Wahrheit wissen. Zieht eine gerade Linie, weicht nirgends und niemandem aus.« Die Engländer, meint Emerson, sagen ungezwungen, was sie denken, und sie erwarten, daß andere es ebenso tun. Vor allen anderen Nationen zeichnet sie das Vertrauen aus, das sie ineinander setzen: »Die Engländer glauben an Engländer. Die Franzosen spüren die moralische Überlegenheit dieser Redlichkeit.« Emerson geht sogar so weit zu sagen, daß diese Überlegenheit nicht nur moralischer Natur ist, sondern daß die praktische Macht der Engländer »auf ihrer nationalen Aufrichtigkeit beruht«. [68]

Angesichts des erfreuten Staunens des Amerikaners Emerson fragen wir uns vielleicht, woran er von seiner Heimat her gewöhnt war und welche raffinierte Hinterhältigkeit er in Concord, Massachusetts, kennengelernt hatte. Zwar ist Henry James in allem, was mit Amerika zu tun hat, durchaus nicht eindeutig, aber sein Werk dürfte seiner allgemeinen Tendenz nach die Auffassung bestätigen, die einmal – so sonderbar das den Amerikanern heute vorkommen mag – allgemein verbreitet war, daß nämlich die Amerikaner in ihrer Unschuld vollkommen aufrichtig seien und man sich auf die amerikanische Aufrichtigkeit verlassen könne wie auf die der Kinder, der Bauern und der Hunde des neunzehnten Jahrhunderts. Emersons Staunen über die Aufrichtigkeit der Engländer kann also in Wirklichkeit nicht bedeuten, daß er sie seinen Landsleuten in dem Sinne abgesprochen hätte, als seien sie hinterhältig gewesen. Der Unterschied, den Emerson zwischen Engländern und Amerikanern machen wollte, entsprach nicht dem zwischen Engländern und Franzosen, sondern was er meint, ist angedeutet in dem, was Tocqueville an der amerikanischen Redeweise als Hang zur Umständlichkeit und Abstraktheit beobachtete. Tocqueville wollte damit nicht suggerieren, die Amerikaner seien unaufrichtig, wenn sie so sprechen. Sie verbargen nichts und sprachen so, wie sie es taten, weil sie in einer Demokratie lebten. Die demokratische Ordnung verlangte von ihnen, ihre Sprache nicht nach den Maßstäben einer besonderen Klasse oder eines besonderen Zirkels zu formen, sondern nach ihrem Gefühl für die Meinung des Publikums, und dadurch wird, Tocqueville zufolge, ihre Ausdrucksweise eher abstrakt als konkret, allgemein als besonders, umschreibend statt direkt.* Der demokratische Stil zeigt nicht Mangel an Aufrichtigkeit, sondern weist darauf hin, daß das persönliche Selbst, dem der Amerikaner treu bleiben möchte, nicht das private, gediegene, störrische Selbst des Engländers ist.

In dieser Hinsicht kann man das amerikanische Selbst als einen Mikrokosmos der amerikanischen Gesellschaft ansehen, die offenbar die Festigkeit und Unbeeinflußbarkeit der englischen Gesellschaft nicht gekannt hat. Es ist wenig wahrscheinlich, daß ihre Mitglieder das Gefühl haben, sie sei greifbar vor ihnen. Die Belege dafür gehören zu den klassischen Beständen der amerikanischen Kulturgeschichte des neunzehnten Jahrhunderts. James Fenimore Cooper, Hawthorne, Henry James, sie alle haben in der einen oder anderen Weise gesagt, daß die amerikanische Gesellschaft, mit den Worten von Henry James, *»thinly composed«*, von geringer Dichte war, daß es ihr an massiver, derber Wirklichkeit mangelte, wie sie der Romancier damals für seine Kunst brauchte. Sie bot ihm nicht das handgreifliche Material, den *Stoff*, aus dem die Romane waren. Was die amerikanischen Besucher Englands wie eine Offenbarung erlebten, war eben jene Undurchdringlichkeit der englischen Gesellschaft, die Dichte ihrer Zusammensetzung, ihr massives, unbezweifelbares *Da-sein*, das ihren Mitgliedern eine Art primärer Aufrichtigkeit aufnötigte – das freie Zugeständnis, daß sie zumindest in der *einen* Hinsicht *nicht* frei waren, insofern ihr Dasein durch ihre Gesellschaft gebunden und von ihren Besonderheiten bestimmt war. Daß sie gesellschaftliche und keine transzendenten Wesen waren, das bekannten die Engländer sich selbst und der Welt gegenüber mit Wahrhaftigkeit. Es ist höchst reizvoll zu sehen, welch lebhaftes Vergnügen Emerson an dem moralischen Stil fand, der aus diesem Eingeständnis folgte, denn an sich ist für ihn die Neigung bezeichnend, in seinem Denken das zu verneinen, was die Engländer bejahen.**

* Daß es die Art zu sprechen, die Tocqueville typisch amerikanisch fand, heute noch gibt, läßt ein Gesprächsfetzen vermuten, der 1969 in der BBC zu hören war, in einem Gespräch zwischen der Königin und dem neuen amerikanischen Botschafter in Großbritannien. In dem Gespräch, das der Botschafter zahlte, erkundigte sich die Königin, ob er inzwischen in sein Haus eingezogen sei und ob er es dort angenehm habe, worauf er antwortete: *»We are still, in the residence, subject to some discomfiture and inconvenience owing to certain elements of refurbishment«* (Aufgrund gewisser Renovierungselemente unterliegen wir in unserer Wohnung noch einiger Unbequemlichkeit und Unbehaglichkeit).

** Eine aufschlußreiche polemische Diskussion von Emersons Einstellung zur sozialen Existenz enthält das 1. Kapitel (»Das Versagen der Väter«) in Quentin Anderson, *The Imperial Self* (New York, 1971).

Die Hegelschen Begriffe, auf die ich kurz eingegangen bin, haben mit dem Unterschied zwischen den beiden Völkern zu tun. Die Amerikaner, so können wir sagen (wie es D. H. Lawrence vor fünfzig Jahren tatsächlich getan hat), hatten jene historische Stufe des Geistes erreicht, auf der das »zerrissene« oder »entfremdete« Bewußtsein hervortritt. Dieses Bewußtsein ist Hegel zufolge durch seine Entgegensetzung gegen die »äußere Macht der Gesellschaft« definiert – durch den Wunsch, von täuschenden sozialen Verhältnissen frei zu sein. Die Engländer gehörten zu einer älteren historischen Entwicklungsstufe, auf der sich der Geist als »ehrliches Bewußtsein« darstellt, dessen Beziehung zur Gesellschaft die des »gehorsamen Dienstes« und der »inneren Achtung« ist. Nach Hegels Darstellung des »zerrissenen Bewußtseins« hat sich dieses von aller Rücksicht auf die Idee der Aufrichtigkeit freigemacht, auf die das »ehrliche Bewußtsein« seinem Wesen nach bezogen ist. Wenn wir also den englischen Charakterzug, auf den Emerson so erfreut reagiert hat, in Hegelschen Begriffen erklären wollen, dann müssen wir ihn auf die archaische Schwerfälligkeit der englischen Sozialstruktur zurückführen: die englische Aufrichtigkeit hängt mit der englischen Klassenstruktur zusammen.

Dies war auch implizit die Meinung der englischen Romanautoren des neunzehnten Jahrhunderts. Allem Anschein nach würden sie sämtlich darin übereinstimmen, daß jemand, der seine Klassenlage – welche auch immer es sein mag – als gegebene und notwendige Lebenssituation akzeptiert, ohne jede Frage aufrichtig sein wird. Er wird aufrichtig *und* authentisch, aufrichtig *weil* authentisch sein. Tatsächlich betrachten die Romanciers die Klassenlage als eine entscheidende Voraussetzung persönlicher Authentizität und glauben, daß der Einzelne, der »seinen Platz und seine Pflichten«, wie es in einem Abschnitt des anglikanischen Katechismus heißt, anerkennt, gewiß sein kann, die Qualität vollkommenen Selbstseins zu besitzen. Sei es nun Mr. Knightley oder Sam Weller oder Plantagenet Palliser, sei es ein Landedelmann, Cockneydiener oder Premierminister und Erbe des Duke of Omnium, er ist, was er ist kraft seiner Klassenzugehörigkeit. Sein Daseinsgefühl, das Bewußtsein seiner besonderen und persönlichen Existenz leitet sich aus seinem Gefühl für seine Klassenlage her.

Den umgekehrten Fall gab es auch. Die Romanautoren billigten die Möglichkeit sozialen Aufstiegs, soweit er sich durch Energie, Talent und ohne Verlust an Redlichkeit erreichen ließ. Doch erbarmungslos prüften sie diejenigen ihrer Figuren, die von dem Ehrgeiz beherrscht waren, in der Welt voranzukommen, und sie achteten auf jedes Anzeichen für eine Schwächung der persönlichen Authentizität, die daraus folgte, daß sie ihre vorgefundene Klassenlage aufgegeben hatten. Sie rechneten damit, daß es zu einer solchen Schwächung kommen würde, und ihre Erscheinungsformen, in denen sich die verminderte Authentizität zeigte, nannten sie Snobismus und Vulgarität.

Emerson, der so großen Gefallen an der allgemeinen Aufrichtigkeit der Engländer fand, stellt mit einer gewissen Schärfe eine Ausnahme fest: Diese Menschen, sagt er, haben keinen religiösen Glauben und deswegen ist nichts so »abstoßend wie ihre höflichen Verbeugungen vor Gott«, die sie in ihren Büchern und Zeitungen ständig machen. Kein Kenner des Lebens des viktorianischen Zeitalters wird heute Emersons Feststellung in dieser Schlichtheit beipflichten, mit der sie das religiöse Leben Englands beschreibt. Richtig ist, daß die gegenwärtige religiöse Indifferenz der Engländer – abgesehen von den Ritualen bei Geburt, Eheschließung und Tod – sich damals bereits abzeichnete. In der zweiten Hälfte des neunzehnten Jahrhunderts waren die arbeitenden Klassen Englands der Staatskirche bereits völlig entfremdet, und ihre Ablehnung der nonkonformistischen Sekten wuchs. Der Intellektuelle, der in einem schlichten Sinne gläubig war, war eine Seltenheit. Die Religiosität der Oberschicht war weitgehend eine Sache des gesellschaftlichen guten Tons, und zweifellos hatte Emerson recht, wenn er sie als Heuchelei beschrieb. Man kann sagen, daß die großen Dissentersekten der Mittelschicht nicht nur vom persönlichen Glauben und bevorzugten Lehrmeinungen getragen wurden, sondern ebenso von sozialen und politischen Gefühlen. Aber auch wenn man alle negativen Züge berücksichtigt, bleibt die Tatsache bestehen, daß die Religion als nationale Lebenskraft noch keineswegs erloschen oder auch nur abgestumpft war, man denke an Low Church und High Church, die Oxford-Bewegung, die nicht enden wollenden Auseinandersetzungen innerhalb der nonkonformistischen Bewegung, an die öffentlichen Prozesse über Lehrinhalte und das private Leiden unter Glaubenskrisen. Der christliche Glaube gehörte selbstverständlich zum tugendhaften Leben, und noch 1888 konnte Humphry Ward, eine Nichte Matthew Arnolds, mit ihrem Roman *Robert Elsmere* die ganze Nation in Aufregung versetzen. Es ist die Geschichte eines begabten und frommen jungen Geistlichen, der die christliche Lehre nicht annehmen kann. Gladstone selbst fühlte sich bemüßigt, dem Buch eine ungewöhnlich lange Rezension zu widmen.

Die Geschichte Englands war von der Religion nicht zu trennen, die immer noch einen entscheidenden Einfluß auf die Politik, den gesellschaftlichen und moralischen Stil und die intellektuelle Kultur des Landes ausübte. Auch wenn es zutraf, daß der persönliche Glaube nachgelassen hatte, was zu der Unaufrichtigkeit führte, die Emerson wahrnahm, dann hatte dies andererseits in der Intellektuellenschicht die gegenteilige Wirkung, daß man sich nämlich bewußt um Aufrichtigkeit bemühte. Der auffallende Charaktertypus der gebildeten Schicht im viktorianischen Zeitalter erhielt seine Prägung, so kann man sagen, in Reaktion auf den Verlust an religiösem Glauben. Der Nichtgläubige empfand es als notwendig, in seinem persönlichen Leben den selben Grad von Ernst und Gesetztheit zu wahren, der dem Gläubigen eigen gewesen war, und er mußte sich hüten, den leichtfertigen Libertinismus der Franzosen anzunehmen – »Sie kennen die Franzosen«, wie Matthew Arnold es ausgedrückt hat. Die vielleicht größte Erschütterung, die mit dem Schwund des Glaubens zusammenhing und die schmerzhafter und zerstörerischer war, als wir es uns heute überhaupt vorstellen können, war der Verlust des Glaubens an den Sinn des Universums. Diese »Idee eines Lebenszwecks«, wie Freud sagt, die »mit dem religiösen System steht und fällt« [69], war für den, der daran glaubte, nicht nur etwas Beruhigendes, sondern nichts weniger als eine Denkkategorie. Ihre Vernichtung bedeutete eine physische Katastrophe. Der viktorianische Charakter mußte diesen äußersten Verlust aushalten und durfte sich dem dadurch nahegelegten Nihilismus nicht ergeben.

Wie das gelingen konnte, zeigt eine inzwischen kanonisch gewordene Anekdote über George Eliot, die von F. W. H. Myers überliefert ist. An einem regnerischen Maiabend ging Myers mit seinem berühmten Gast im Garten des Trinity College in Cambridge spazieren, und George Eliot sprach über Gott, Unsterblichkeit und Pflicht. Gott, sagte sie, sei unbegreiflich, die Pflicht aber sei »gebieterisch und absolut«. »Niemals vielleicht«, schreibt Myers, »ist das unpersönliche und nicht belohnende Gesetz mit mehr Ernsthaftigkeit vertreten worden. Ich hörte zu, die Nacht senkte sich herab, und wie eine Sybille in düsterer Stimmung wandte sie sich mir zu, als wenn sie mir die beiden Rollen der Verheißung nehmen wollte und ließe mir allein die dritte Rolle, die drohend ein unerforschliches Schicksal verkündet.« [70] Auch wenn George Eliot ihrem Gastgeber viel genommen hatte, war es doch, wie wir sehen können, nicht alles. Muß nicht eine kategorische Pflicht gerade durch ihren gebieterischen Charakter und ihre Unbedingtheit als vom

Universum selbst gesetzt erscheinen und dadurch dem persönlichen Leben, das sich ihr unterwirft, Wert verleihen? War eine kategorische Pflicht ohne letzte Zwecke, ohne *jeden* Sinn denkbar, wo sie doch dem eigenen inneren Imperativ so sehr entgegenkam, daß man ihr Gehör schenkte und dadurch zu Kohärenz und Selbstsein fand? Berechtigte das nicht zu dem Gedanken, daß Mensch und Universum einander weniger fremd waren, als es im ersten Augenblick, wenn der Glaube an Gott und Unsterblichkeit aufgegeben wird, den Anschein hat?

Die kleine Szene, die Myers berichtet, kann ihren Eindruck auf uns nicht verfehlen, und dies vielleicht gerade deswegen nicht, weil uns nicht entgeht, daß Inauthentizität die Folge ist: der falsche affirmative Tonfall weist auf ein Bedürfnis hin, das nach Befriedigung verlangt. Heutzutage teilen wir dieses Bedürfnis der Viktorianer nicht. Wir verspüren nicht die Notwendigkeit, unsere persönliche Kohärenz und den Lebenssinn, den wir für uns in Anspruch nehmen, in der Ordnung des Universums und in der unausweichlichen Pflicht, die es uns stumm auferlegt, bestätigt zu finden. Wir stellen nicht gerne Fragen, die den Eindruck erwecken, als gäbe es eine solche Bestätigung, die nur entdeckt zu werden braucht. Derartige Fragen erscheinen uns künstlich, doch müssen wir für diejenigen, die sich gedrängt fühlten, sie zu stellen, Verständnis haben.

Trotzdem sind wir erleichtert, daß diese Fragen nicht lange Zeit, nachdem sie noch mit so unruhiger Erwartung gestellt wurden, beiseite gewischt worden sind. Einer der Großen des viktorianischen Zeitalters hat gesagt, es sei die erste Pflicht im Leben, »so künstlich zu sein, wie möglich«, und, so fährt Oscar Wilde fort, »was die zweite Pflicht ist, ist noch nicht entdeckt worden«. [71]

2.

Mit jedem Jahr, das vergeht, wird die Gestalt Oscar Wildes klarer und größer. Weder seine Possen noch sein Märtyrertum verdunkeln heute mehr seinen intellektuellen Rang, der daran erkennbar wird, daß sowohl André Gide wie Thomas Mann eine nahe Verwandtschaft zwischen ihm und Nietzsche behauptet haben.* In einem stehen sie einander

* Richard Ellmann weist darauf in der Einleitung zu seiner Auswahl der kritischen Schriften von Wilde hin (*The Artist as Critic*, New York und London, 1970). Gide bringt die beiden Namen eher zufällig und beiläufig in seinen 1902 niedergeschriebe-

zweifellos nahe: beide haben ihre grundsätzliche Gegnerschaft gegen die Aufrichtigkeit erklärt und beide verherrlichen, was sie die Maske nennen.

Von Wilde wird die Idee der Aufrichtigkeit als eine der geschätzten Eigenschaften philisterhafter Anständigkeit verhöhnt. Es geht aber um mehr als bloß um soziale Polemik, wenn er zum Beispiel sagt, daß alle schlechte Poesie echtem Gefühl entspringe. Er meint damit nicht nur, daß echtes Gefühl meistens dumpf ist, auch nicht, daß echtes Gefühl der Vermittlung durchs Künstliche bedürfe, um gute Poesie zu werden. Vielmehr will er damit sagen, daß die direkte Konfrontation mit der Erfahrung und ihre unmittelbare öffentliche Mitteilung nicht notwendig die Wahrheit bringen, sondern sie wahrscheinlich eher entstellen. »Der Mensch«, sagt Oscar Wilde, »ist am wenigsten er selbst, wenn er in eigener Person spricht. Gib ihm eine Maske, und er wird die Wahrheit sagen.« [72] Trotz seines Loblieds auf die englische Aufrichtigkeit hatte Emerson sich nicht abhalten lassen, in seinem Tagebuch 1840 denselben Gedanken auszusprechen. »Es gibt niemanden, der sich tiefer verstellt«, hatte er dort notiert, »als der aufrichtigste Mann«, und im folgenden Jahr: »Viele können besser unter einer Maske schreiben als für sich selbst«. [73] Nietzsche, dessen Bewunderung für Emerson immer wieder erstaunlich anmutet, sagt weitgehend im selben Sinne: »Jeder tiefe Geist braucht eine Maske.« [74]

Für Nietzsche ist die Maske durch das Wesen jener Welt, mit der allein er sich beschäftigt, die Welt der Geschichte und der Kultur, gerechtfertigt. »Es scheint«, sagt er, »daß alle großen Dinge, um der Menschheit sich mit ewigen Forderungen in das Herz einzuschreiben, erst als ungeheure und furchteinflößende Fratzen über die Erde hinwandeln müssen: eine solche Fratze war die dogmatische Philosophie, zum Beispiel die Vedanta-Lehre in Asien, der Platonismus in Europa.« Ohne so weit auszuholen, sagt Oscar Wilde etwas nicht minder Bedeutungsvolles in den letzten Sätzen seines Essays über »Die Wahrheit der Masken«: »... in der Kunst gibt es so etwas wie eine universelle Wahrheit nicht. Eine Wahrheit in der Kunst ist etwas, dessen Gegenteil ebenfalls wahr ist. Und wie wir nur in der Kunstkritik und durch sie die platonische Theorie von den Ideen verstehen können, so können

nen Erinnerungen an Wilde zusammen, während Thomas Mann diesen Vergleich nach einigen Bedenken – »natürlich hat die Zusammenstellung Nietzsches mit Wilde etwas Sakrilegisches« – bis ins einzelne entwickelt (»Nietzsches Philosophie im Lichte unserer Erfahrung«).

wir nur in der Kunstkritik und durch sie Hegels Lehre von den Gegensätzen verwirklichen. Die Wahrheiten der Metaphysik sind die Wahrheiten der Masken.« [75]

Ironie gehört – wie Liebe – zu den Worten, über die man besser nicht redet, wenn sie die Kraft ihres Sinnes nicht einbüßen sollen (das gilt auch für Aufrichtigkeit und Authentizität), doch im Zusammenhang mit Wilde und Nietzsche muß darüber etwas gesagt werden, denn die Lehre von den Masken stellt die Frage nach dem intellektuellen Wert der ironischen Pose. Die Etymologie des Wortes stellt einen direkten Zusammenhang mit der Idee der Maske her, denn es kommt von dem griechischen Wort für Heuchler. In der einfachsten seiner verschiedenen Bedeutungen heißt Ironie, etwas zu sagen und etwas anderes zu meinen, nicht um zu täuschen und auch nicht eigentlich um zu spotten (obwohl dies implizit dazu gehört), sondern vielmehr um ein Mißverhältnis zwischen Sprechendem und Gesprächspartner oder zwischen dem, der spricht, und dem, worüber er spricht, oder sogar zwischen dem Sprecher und ihm selbst anzuzeigen. Hegel kommt in der *Phänomenologie* einer Erklärung der intellektuellen Bedeutung, die man der Ironie zusprechen möchte, sehr nahe. Wenn er die extravagante Schauspielerei des Neffen, der eine endlose Reihe von Rollen oder, wie wir jetzt sagen möchten, Masken annimmt, kommentiert, dann bewundert Hegel ihn, weil der Geist durch diese Vorstellung dazu gelangt, »das Hohngelächter über das Dasein sowie über die Verwirrung des Ganzen und über sich selbst« zu sein. Hegel will damit zweifellos sagen, daß der Geist durch dieses Hohngelächter ein gewisses Maß an Freiheit erlangt hat – jene Art von Freiheit, die wir als Distanz bezeichnen. Wenn man dem Dasein so gegenübertritt, als brauchte man es nicht vollkommen ernst zu nehmen, dann hat der Geist dadurch Abstand gewonnen und ist weniger gebunden. Er kann das Dasein ohne Trauer hinnehmen und die Dinge, die unumgänglich sind, ohne Groll abwickeln. Wenn »das Ganze« als eine »Verwirrung« und nicht als geordnet und vernünftig oder, mit den Worten George Eliots, als »unbedingt gebietend und absolut« angesehen wird, dann braucht die menschliche Beziehung zu ihm nicht ein für allemal festgelegt und kategorisch zu sein. Es genügt, daß sie lebendig und improvisierend ist.

Wildes Aphorismus – »Die Wahrheiten der Metaphysik sind die Wahrheiten der Masken« – kann so verstanden werden, daß nicht die philosophische Abhandlung sondern das Kunstwerk modellhaft ist für den Prozeß, durch den wir Daseinserkenntnis erlangen. Das Kunstwerk ist das beste Beispiel für die durch Ironie gewonnene Distanz. An einen ähnlichen Erkenntnisgewinn denkt Schiller, wenn er in den *Briefen über die ästhetische Erziehung* schreibt, daß eine der Wohltaten der Kunst darin bestehe, daß sie den »Ernst der Pflicht und des Schicksals« überwinde. In dem »bloßen Spiel« der ästhetischen Erfahrung sieht Schiller die wahre Wesensäußerung des Menschen. »Der Mensch spielt nur«, sagt er, »wo er in voller Bedeutung des Wortes Mensch ist, und er ist nur da ganz Mensch, wo er spielt« [76], und die Menschlichkeit in vollem Sinne schließt wohl die Erkenntnis des Daseins ein. Der moralische Ernst, mit dem Schiller die Möglichkeit untersucht, den Menschen von dem Ernst der Pflicht und des Schicksals zu befreien, muß in uns auch den letzten Rest der Versuchung ersticken, Wildes Position als eine Aufforderung zum Nihilismus zu betrachten. Wildes Verwandtschaft mit Nietzsches Gegnerschaft gegen den Nihilismus ist unbestreitbar und ausdrücklich belegt.

Die von Schiller, Wilde und Nietzsche erstrebte menschliche Autonomie stimmt, wie wir sehen, in wesentlichen Zügen mit der Vorstellung des moralischen Lebens überein, die Rousseau und Wordsworth entworfen haben, wenn sie dem Daseinsgefühl eine so große Bedeutung gaben. In der Tat ist die Spekulation über das moralische Leben im neunzehnten Jahrhundert weitgehend durch die Sorge ums Dasein geprägt. Die intensive Bedeutung, die Wordsworth dem Wort »sein« gegeben hat, ist im moralischen Diskurs geläufig geworden. Allgemein begann man zu spüren, daß das *Sein* – also die beglückende Erfahrung des Selbst als einer Einheit – Einflüssen ausgesetzt war, die es in seiner Kraft stärkten oder schwächten. Weitgehende Einigkeit bestand dabei darüber, daß die Kunst zu den Dingen gehörte, die die Erfahrung des Selbst erweiterten, und man wußte genau, was diese Erfahrung schwächte – der große Feind des Seins war das *Haben.* »Je weniger du ißt, trinkst, Bücher kaufst, in das Theater, auf den Ball, zum Wirtshaus gehst, denkst, liebst, theoretisierst, singst, malst, fichtst etc., um so mehr sparst du, um so *größer* wird dein Schatz, den weder Motten noch Raub fressen, dein *Kapital.* Je weniger du *bist,* ... um so mehr hast du ...« [77]

Niemand im Europa des neunzehnten Jahrhunderts hat diese Sätze, die ich eben zitiert habe, gelesen. Es ist eine Stelle aus den *Ökonomisch-philosophischen Manuskripten* von Karl Marx, die 1844 geschrieben, aber erst 1932 veröffentlicht wurden. Seitdem haben sie viel Beachtung gefunden, weil sie einen jungen, damals sechsundzwanzigjährigen Marx zeigen, den man sich nicht nur anders als den Marx der späteren agitatorischen, polemischen und systematischen Werke, sondern sogar im Streit mit ihm vorstellen muß. Der junge Marx ist in dem Sinne humanistischer eingestellt, daß er weniger ehrgeizig als der Verfasser der kanonischen Schriften auf wissenschaftliche Richtigkeit bedacht ist. Der humanistische Charakter der *Manuskripte* zeigt sich darin, daß sie die Entfremdung betonen, und nicht nur die der Arbeiterklasse, sondern der Menschen überhaupt und auch der Mittelschicht. Tatsächlich kann ein Angehöriger dieser Schicht das, was Marx über die Entfremdung sagt, so lesen, als wolle er speziell und unmittelbar etwas über sein eigenes bourgeoises Leben sagen. »Je weniger du *bist*, je weniger du dein Leben äußerst, um so mehr *hast* du, um so größer ist dein entäußertes Leben, um so mehr speicherst du auf von deinem entfremdeten Wesen. Alles, was dir der Nationalökonom an Leben nimmt und an Menschheit, das alles ersetzt er dir in *Geld* und *Reichtum*, und alles das, was du nicht kannst, das kann dein Geld: Es kann essen, trinken, auf den Ball, ins Theater gehn, es weiß sich die Kunst, die Gelehrsamkeit, die historischen Seltenheiten, die politische Macht, es kann reisen, es kann dir das alles aneignen... Aber es, was all dies ist, es *mag* nichts als sich selbst schaffen, sich selbst kaufen...«

Es ist leicht zu erkennen, daß Entfremdung für Marx nicht dasselbe bedeutet wie für Hegel. Es ist nicht das Fremdwerden des Selbst gegenüber dem Selbst, worin Hegel einen schmerzlichen, aber notwendigen Schritt der Entwicklung sieht. Vielmehr ist es die Verwandlung des Selbst in das, was nicht menschlich ist. Marx' Begriff der Entfremdung geht nicht völlig in dem auf, was er über das Geld sagt, doch fraglos ist das Geld für diesen Begriff von zentraler Bedeutung und in ihm stellt er sich am dramatischsten dar. In den *Manuskripten* spricht Marx vom Geld als von etwas, das mit eigenem Leben erfüllt ist und eine teuflische eigene Kraft besitzt. Marx und Engels haben beide stark nostalgische Züge, was sie die archaischen Gesellschaften, in denen das Geld nicht herrscht, immer in einem verklärten Licht sehen läßt. Auch ihr Antisemitismus hängt mit ihrer Auffassung vom Geld zusammen, er beruht auf der Beziehung des Judentums zu Geld und zum Bankwesen. Wahrscheinlich fürchteten sie wie nur irgendein mittelalterlicher oder Renaissancemensch die Machenschaften des Geldteufels. Marx zitiert Shakespeare, um den Gedanken zu verdeutlichen, daß das Geld die moralischen Werte und sogar die Wahrnehmung selbst verkehrt. Er zitiert aus der Rede, in der Timon sagt, das Geld mache »schwarz weiß, häßlich schön, schlecht gut, alt jung, feig tapfer, niedrig edel«.

Kurz, das Geld ist im menschlichen Dasein das Prinzip des Nicht-Authentischen. »Ich, wenn ich kein Geld zum Reisen habe, habe kein *Bedürfnis,* d. h. kein wirkliches und sich verwirklichendes Bedürfnis zum Reisen. Ich, wenn ich Beruf zum Studieren, aber kein Geld dazu habe, habe *keinen* Beruf zum Studieren, d. h. keinen *wirksamen,* keinen *wahren* Beruf. Dagegen ich, wenn ich wirklich *keinen* Beruf zum Studieren habe, aber den Willen und das Geld, habe einen wirksamen Beruf dazu.« Und der Abschnitt vom Geld schließt mit den Worten: »Setzt den *Menschen* als *Menschen* und sein Verhältnis zur Welt als ein menschliches voraus, so kannst du Liebe nur gegen Liebe austauschen, Vertrauen nur gegen Vertrauen etc. Wenn du die Kunst genießen willst, mußt du ein künstlerisch gebildeter Mensch sein; wenn du Einfluß auf andre Menschen ausüben willst, mußt du ein wirklich anregend und fördernd auf andre Menschen wirkender Mensch sein. Jedes deiner Verhältnisse zum Menschen – und zur Natur – muß eine *bestimmte,* dem Gegenstand deines Willens entsprechende *Äußrung* deines *wirklichen individuellen* Lebens sein.« [78]

»Setzt den *Menschen* als *Menschen* und sein Verhältnis zur Welt als ein menschliches voraus.« Die Feststellung, daß man es in keiner anderen Epoche der Geschichte als notwendig empfunden hat, diese Voraussetzung ausdrücklich zu formulieren, hat etwas Verblüffendes. Das neunzehnte Jahrhundert ist von der Angst beherrscht, der Mensch sei nicht Mensch und sein Verhältnis zur Welt könne aufhören, ein menschliches zu sein. Marx hat diese Angst mit einzigartiger Intensität zum Ausdruck gebracht, aber man braucht seine politische Überzeugung nicht zu teilen, um dieselbe Befürchtung zu haben. Das Gefühl, daß das Sein vom Haben bedroht wurde, war charakteristisch für die bürgerlichen Moralisten der Zeit. »Kultur«, sagt Matthew Arnold, »ist nicht ein Haben, sondern ein Sein und Werden«, und seine Worte klingen in Oscar Wildes großem Essay »Die Seele des Menschen unter dem Sozialismus« nach: »Die wahre Vollendung des Menschen liegt nicht in dem, was er hat, sondern in dem, was er ist.« So wie am Eingang der antiken Welt geschrieben stand »Erkenne dich selbst!«, so wird »über dem Eingang der neuen Welt ... geschrieben stehen ›sei du selbst!‹ «. Und Ruskin hat gesagt: »Es gibt keinen anderen Reichtum als das Leben.«

Natürlich genügte es nicht, das Sein über das Haben zu stellen und zu sagen, daß das eine dem anderen vorzuziehen sei, denn schließlich können sich die Menschen ja für das Haben entscheiden und trotzdem nicht auf das Sein verzichten wollen. Auch war die Entscheidung für das Haben wohl kaum die einzige Ursache der Schwächung des Daseinsgefühls, die das neunzehnte Jahrhundert verspürte – es gab noch andere Ursachen von einer tückischen, kaum wahrnehmbaren Art. Damals war das Wort »Kultur«, wie wir es heute verwenden, noch nicht geläufig – »Kultur« in dem Sinne, wie Matthew Arnold sie der Anarchie entgegensetzte, bedeutete natürlich etwas anderes –, aber die Idee der Kultur in ihrer heute vorherrschenden Bedeutung begann sich rasch auszubilden: die Idee eines einheitlichen Zusammenhanges von aufeinander einwirkenden Annahmen, Denkweisen, Gewohnheiten und Stilhaltungen, die sowohl verborgen wie sichtbar mit den praktischen Gegebenheiten einer Gesellschaft verbunden waren und deren Einfluß auf den menschlichen Geist deswegen unwiderstehlich ist, weil sie nicht zum Bewußtsein kommen. Diese Idee der Kultur ist uns heute selbstverständlich, während sie im neunzehnten Jahrhundert von Taine als eine Entdeckung der Epoche verkündet werden konnte.

Welche Komplexität und Widersprüchlichkeit die Idee der Kultur in sich aufnehmen kann, zeigt eine merkwürdige Stelle aus Emersons *English Traits*. Im ersten von zwei aufeinanderfolgenden Abschnitten findet sich wiederum eine der rühmenden Äußerungen Emersons über die Autonomie und Aufrichtigkeit der Engländer: »Sie erwarten von dir, daß du deine eigene Meinung hast, und sie hassen den Feigling, der in praktischen Fragen nicht Ja oder Nein sagen kann. Sie haben den Mut zu mißfallen, ja sie werden dich sogar alle Regeln brechen lassen, wenn du es nur auf ursprüngliche Weise und mit Geist tust. Du mußt jemand sein, dann kannst du dies oder das tun, wie du willst.« Im nächsten Absatz, übergangslos und ohne ein Bewußtsein des Widerspruchs erkennen zu lassen, sagt er dann: »Das Maschinenwesen ist auf alle Arbeiten angewendet und zu einer solchen Vollendung gebracht worden, daß den Menschen wenig mehr übrig ist, als die Maschinen zu versorgen und die Öfen zu heizen. Doch die Maschinen verlangen pünktliche Bedienung, und da sie nie ruhen, überfordern sie die, die sie warten. Minen, Schmieden, Mühlen, Brauereien, Eisenbahnen, Dampfpumpen, Dampfpflug, Regimentsdrill, Polizeidrill, Prozeßordnung und Betriebsordnung werden in Gang gesetzt, um dem ganzen Verhalten und Handeln der Menschen eine mechanische Regelmäßigkeit zu geben. Eine furchterregende Maschine hat sich des Bodens, der Luft, der Männer und Frauen bemächtigt, und selbst das Denken ist kaum noch frei.« [79]

Emerson spricht nicht über die geschundene Arbeiterklasse, nicht über die wirkliche Arbeit an den Maschinen, denn das hätte kaum die ganze Nation einbezogen. Zu einer Zeit, auf die wir heute nostalgisch zurückblicken, weil sie uns vom Maschinenwesen noch so unberührt erscheint, bemerkt er einen Einfluß der Maschine oder der Idee der Maschine auf die Lebensführung, der das Verhalten und das Denken in einer Weise prägt, daß es immer weniger möglich ist, die Voraussetzung zu machen, der Mensch sei noch Mensch. Diese Beobachtung spricht er im gleichen Atemzug aus wie die für die Kultur charakteristische Forderung, daß man »jemand« sein müsse.

Die Angst vor der Maschine ist ein Topos des moral- und kulturphilosophischen Denkens des neunzehnten Jahrhunderts. »Setzt den *Menschen* als *Menschen* voraus« heißt: »Setzt voraus, daß der Mensch keine Maschine ist.« Der Geist soll keine Maschine sein, nicht einmal das an ihm, was wir Verstand nennen. Das Universum soll keine Maschine sein, und der Gedanke, es könnte so sein, brachte Carlyle fast zum Wahnsinn. Das mechanische Prinzip ebenso wie das Aneignungsprinzip – beide hängen natürlich eng miteinander zusammen – wurden als Feinde des Seins und als Quelle der Inauthentizität empfunden.

Die Maschine, sagt Ruskin, könne nur nicht-authentische Dinge herstellen, und die toten Dinge teilten ihre Unlebendigkeit denen mit, die sie benutzen. Auch ist es, seiner Ansicht nach, nicht nur die wirkliche Maschine, die es dem Herstellenden nicht erlaubt, das geschaffene Gebilde mit seinem Sein zu erfüllen, sondern dies gilt für jede Art des Machens. Die Architektur des alten Ägypten war für ihn mechanisch, weil »sklavisch«, denn der Arbeiter führte nicht seine Absicht, sondern die des Baumeisters aus. Entgegen der üblichen Auffassung seiner Zeit urteilte Ruskin ähnlich ablehnend über die Baukunst des alten Griechenland und nahm dabei nicht einmal das hochheilige Parthenon aus. Nur die gotische Architektur war frei von solchem Tadel, denn sie allein unter den großen Stilen hatte die Eigenschaft der Lebendigkeit. Aufgrund der Vorstellungen, die man im neunzehnten Jahrhundert davon hatte, wie die Kathedralen gebaut wurden, konnte Ruskin sie als Verkörperung des Geistes des Einzelnen wie der Gemeinschaft ansehen – sie wurden so langsam gebaut, daß es wirkte, als wüchsen sie, statt gemacht zu werden, und folgten nicht einem Plan, sondern erfüllten eine Entelechie, indem sie nach den ihnen innewohnenden Seinsgesetzen ihre Vollendung erreichten. Wie Goethe in seiner berühmten Betrachtung über den Turm des Straßburger Münsters feierte Ruskin die gotischen Kathedralen wegen ihres organischen Charakters. Ihr

Schmuck bestand aus lebendigen Dingen, und ihr Bau beruhte auf einander ausgleichenden Kräften, die sich dem empfindsamen Auge als Bewegung darstellten.

Die Ansicht, daß das Organische in der Kunst und im Leben das Hauptmerkmal des Authentischen sei, hat noch immer, wie nicht weiter betont zu werden braucht, in dem Maße Einfluß auf uns, als wir von der zunehmenden Zerstörung unserer organischen Umwelt betroffen sind. Das Gefühl, daß sich etwas zwischen den Menschen und seine eigene organische Verfassung gedrängt hat, ist ein bestimmendes Element des modernen Bewußtseins und ein nicht zu übersehendes und akutes Problem unserer Kultur. In einer Gesellschaft, die zunehmend städtisch und technologisch wird, haben die natürlichen Lebensprozesse in dem Maße, wie sie blockiert werden, einen moralischen Status angenommen. Allgemein herrscht heute das Gefühl, daß sich eine unmenschliche Kraft unseres Bodens und unserer Luft, unserer Männer und Frauen und unseres Denkens bemächtigt hat – eine Maschine, die furchtbarer ist als alles, was Emerson sich vorstellen konnte. Vielfach wird alles, was auch nur die geringste Analogie zu einer Maschine hat, selbst ein Syllogismus oder eine dramaturgische Anweisung, als Bedrohung der Authentizität der Erfahrung und des Seins empfunden.

So stark und nachhaltig die Tradition des Organischen unsere künstlerische Kultur auch beeinflußt hat – die Namen D. H. Lawrence, E. M. Forster, Henry Miller und Samuel Beckett deuten an, wieviele Richtungen sie umfaßt –, so muß man doch sehen, daß die moderne ästhetische Bewegung viel von ihrer ursprünglichen Kraft aus einem plötzlichen Ungenügen an der Idee des Organischen gezogen hat. Reyner Banham hat in seiner aufschlußreichen Geschichte des Design der von ihm als »Erstes Maschinenzeitalter« bezeichneten Periode den Augenblick festgehalten, in dem die Welt der Technik, zumindest von einer bemerkenswert großen Zahl von Künstlern und Intellektuellen, nicht mehr feindselig betrachtet wird. Diese neue Tendenz charakterisiert Banham zusammenfassend durch ihren Gegensatz gegen Ruskin: »Wenn es etwas gibt, woran der Gegensatz zwischen den Jungen und den Älteren um das Jahr 1912 abgelesen werden kann, dann ist es die Einstellung zu Ruskin. Männer mit den verschiedensten Ansichten über die Ziele der Kunst und die Funktion der Gestaltung waren gleichwohl einig in ihrem Haß auf *ce déplorable Ruskin.*« [80] Diese abschätzige Wendung hat Banham einem Vortrag entnommen, den Marinetti 1912 in London vor dem Lyceum Club hielt. Das von Marinetti 1908 verfaßte und veröffentlichte Futuristische Manifest wird allgemein als die Geburtsurkunde der ästhetischen Moderne überhaupt angesehen, selbst für die Bewegungen, auf die seine Grundsätze keinen unmittelbaren Einfluß gehabt haben. Im Mittelpunkt des Manifests steht die Verherrlichung der Schönheit und Lebendigkeit der Maschine. In seinem Londoner Vortrag hat Marinetti Ruskin die Unsinnigkeit seines Widerstandes gegen diese Wahrheit vorgehalten. »Wann endlich«, appelliert er an seine Zuhörer, »wollen Sie sich von der lymphatischen Ideologie Ihres erbärmlichen Ruskin befreien? Ich habe vor, ihn in Ihren Augen vollkommen lächerlich zu machen...« Und Marinetti fährt fort: »Mit seinem krankhaften Traum von einem primitiven Hirtenleben, mit seiner Sehnsucht nach homerischem Käse und legendenhaften Spinnrädern, mit seinem Haß auf die Maschine, den Dampf, die Elektrizität, ähnelt dieser wahnsinnige Verfechter einer antiken Einfachheit einem erwachsenen Mann, der wieder in seiner Wiege schlummern und an den Brüsten seiner nunmehr ergrauten Amme trinken möchte...« [81]

Marinetti also schreibt dem Organischen, als einem gesellschaftlichen und moralischen Ideal, eben jenen Charakter des Nicht-Authentischen zu, gegen welchen das organische Prinzip selber gerichtet gewesen war. Nicht das Organische, sondern das Mechanische soll die Authentizität des modernen Lebens verbürgen. Doch das ist zu einfach gesehen und vielleicht irreführend. Wir neigen zu der Annahme, daß das Prinzip der Maschine Unterwerfung unter dumpfe Regelmäßigkeit und den Verlust jedes freien Antriebs und aller schöpferischen Kraft bedeutet. Dabei vergessen wir, daß einer der Köpfe der modernistischen Bewegung seinem Künstler-Helden den Namen des ersten Ingenieurs gegeben hat: Daedalus hat nicht nur das Labyrinth erfunden, in dem man sich verliert, sondern auch die Flügel, mit denen er sich aus seiner Gefangenschaft aufschwingen konnte. Wie R. Banham ausführt, mag Marinetti durchaus die Maschine im allgemeinen verherrlicht haben, insbesondere ist es aber das Automobil, das den Enthusiasmus seines Manifestes auf sich zieht. Im Jahre 1908 ist dies die Maschine, die der Einzelne selbst beherrscht und durch die er seinen Willen äußert. Sie macht ihn zu einem »Prothesengott«, wie Freud es nennt [82], und verleiht ihm die Gabe der Geschwindigkeit. Der fünfte Satz des Futuristischen Manifests erklärt, die Bewegung sei »eine Hymne auf den Mann am Steuerrad ..., dessen ideale Achse durch den Mittelpunkt der Erde geht«. [82]

Aus dem Tenor des Manifests wird klar, daß das Universum für die moderne Kunst keinerlei Verpflichtungscharakter und Absolutheit besitzt, sondern allein das schöpferische Vermögen des Künstlers. In Ruskins ästhetischer Theorie gibt es Stellen, an denen es fast so aussieht, als wenn sie von ihrer gewöhnlichen Linie abwiche, um dasselbe zu sagen – so das Kapitel im zweiten Band von *Modern Painters*, das überschrieben ist »Von der durchdringenden Imagination« und von der »höchsten imaginativen Fähigkeit« als einer ungestümen Kraft spricht, die – gleichgültig gegen die äußere Schale der bloßen Erscheinung – »in das feurige Herz selbst eintaucht und in ihrer Geistigkeit von nichts sonst befriedigt werden kann, gleichgültig welche Gestalt, welches Aussehen und äußere Erscheinungsform der Gegenstand selbst auch haben mag ...«. In dem Maße, in dem die künstlerische Praxis des von Ruskin verehrten William Turner ein Beispiel durchdringender Imagination ist, scheint sie seiner eigentlichen These, daß die künstlerische Kraft sich ihrer Unterwerfung unter die natürliche Ordnung verdankt, zu widersprechen. Mir scheint Turners Entwicklung vielmehr in die Richtung immer größerer Autonomie zu gehen, die in den herrlichen Ölskizzen der letzten Jahre ihren Höhepunkt erreicht. Sie wirken so wenig darstellend und scheinen so sehr der Sanktion der natürlichen Ordnung zu entraten, daß man sie mit den Werken der Actionmalerei verglichen hat. Dennoch besteht auch für die Kritiker, die einen solchen Vergleich bemüht haben, kein Zweifel daran, daß Turner sich sogar in dieser Phase seiner Kunst ganz und gar der Interpretation der Natur verpflichtet fühlte und seine tieferen Gefühle über ihr Verhältnis zum Menschen zum Ausdruck bringen wollte.* Selbst wo er ganz autonom wirkt, erfindet er in Wirklichkeit nicht, sondern entdeckt. So beherrschend sich die durchdringende Imagination auch äußern mag, so bleibt sie dieser Funktion doch unterworfen. Entdeckung war demgegenüber nicht das Ziel, auf das die führenden Köpfe der großen modernen Kunstbewegung hinarbeiteten. Zwar gestanden sie zu, daß es das natürliche Universum gab, und nahmen bis zu einem gewissen Grade darauf Rücksicht, doch weigerten sie sich, sich ihm zu unterwerfen und verpflichtet zu fühlen. Sie machten es lächerlich, sie behandelten es ironisch und gleichgültig,

* Vgl. John Rothenstein und Martin Butlin, *Turner* (London 1964, S. 73–76). Einige der späten Skizzen wurden zuerst 1906 ausgestellt, in größerem Umfang jedoch wurden sie nicht vor 1938 gezeigt. Jetzt füllen sie mehrere Räume in der Tate Gallery. Man könnte darauf hinweisen, daß die Geschwindigkeit, von der Marinetti so viel Aufhebens machte, in Turners erstaunlichem Bild von 1844 »Regen, Dampf und Geschwindigkeit – die Great Western Railway« verherrlicht wird.

ohne es im mindesten ernstzunehmen, ohne daran zu denken, daß Versprechungen von ihm ausgingen oder daß es seine Wahrheit preiszugeben bereit war, wenn es überhaupt irgendeine Wahrheit in ihm gab. Dagegen war es möglich, Wahrheit, so wie Schiller, Wilde und Nietzsche sie in der Kunst fanden, aus dem spezifisch menschlichen Geist des Spiels zu gewinnen, der ihren Umgang mit der Welt prägte. In jenem Geist konnte das Universum zerlegt und neu zusammengesetzt werden.

Die Verfahrensweisen der großen Kunst des Jahrhundertanfangs sollten uns daran erinnern, wie sehr Gewaltsamkeit zur Bedeutung des Wortes »authentisch« nach seiner griechischen Herkunft gehört. *Authentéo:* die volle Gewalt über jemanden haben, auch: einen Mord begehen. *Authéntes:* nicht nur ein Meister und Macher, sondern auch ein Gewalttäter, ein Mörder, sogar: Selbstmörder und Selbstmord. Diese alten und vergessenen Bedeutungen haben mit dem Wesen und der Intention der Kunst jener Periode zu tun, die wir die moderne nennen. Unsere Gewöhnung an diese künstlerische Kultur läßt sie uns klassisch nennen, nicht nur um dadurch ihre Größe, sondern ebenso unsere Wahrnehmung der ihr eigenen Ordnung, Ruhe und sogar Transzendenz zum Ausdruck zu bringen. Manchmal scheint es uns schwer begreiflich, daß diese Kunst anfänglich auf so heftigen Widerstand stieß, denn wir vergessen, wieviel Gewalt in ihrem schöpferischen Willen lag, welche Rücksichtslosigkeit nötig war, um in einer an Pflicht und Gehorsam gegenüber unverbrüchlichen und absoluten Gesetzen gewöhnten Kultur Autonomie durchzusetzen, und welcher äußersten Anspannung des persönlichen Willens es bedurfte, um das Gefühl des Nichtseins zu überwinden.

Was heißt es, nicht zu sein? Herman Melville erläutert diesen Zustand in einer Erzählung, die er »Eine Geschichte von der Wall Street« genannt hat. Bartleby lebt im Machtzentrum der Neuen Welt und »möchte lieber nicht« auch nur so viel Macht haben, um leben zu können. Er erlaubt nicht, daß irgendetwas sein Verlangen oder seinen Ehrgeiz weckt, und reagiert auf das, was für ihn die vollkommene Nicht-Authentizität der sozialen Welt geworden ist, damit, daß er sich in seiner Isolierung niederlegt und stirbt. In Dickens' großem Porträt dessen, was er als die vollkommene Inauthentizität Englands betrachtet, in *Little Dorritt,* ist der Held ein Mann, der von sich selbst sagt: »Ich habe keinen Willen.« Balzac und Stendhal haben mit Leidenschaft den nicht-authentischen Charakter der Gesellschaft gezeigt, die den Willen ihrer jungen Helden durchkreuzt und bricht. Als Flaubert *L'Education sentimentale* schrieb, konnte diese Niederlage als besiegelt gelten – der Wille Frédérics Moreaus ist eigentlich schon bei seiner Geburt von der Kultur geschwächt, und sein Dasein ist nichts als die Erfahrung der Zweideutigkeit jedes menschlichen Tuns. Liebe, Freundschaft, Kunst und Politik – alles sinnentleert. »Setzt den *Menschen* als *Menschen*« – Tolstoi sagt, daß diese Voraussetzung bei Iwan Iljitsch erst im Augenblick seines Todes gemacht werden kann.

Zweifellos war nicht weniger als Gewalt nötig, um diesen dumpfen Schmerz der sozialen Welt wachzurütteln und ihm Bewegung und Leben zu geben und den menschlichen Geist aus seiner trägen Ruhe im Nichtsein herauszureißen. Ungekannte Gewaltsamkeiten von Macht und Beherrschung, wie die von Marinetti gefeierte Beschleunigung des Rennwagens, dessen »ideale Achse durch den Mittelpunkt der Erde geht«, waren nötig, um eine neue Energie zu entbinden, deren Unmittelbarkeit und Geschwindigkeit mehr mit der mobilen Maschine als mit den schrittweisen Prozessen des organizistischen Ideals zu tun hatte. Doch auch das Organische war erlaubt, wenn es nur wild genug war, wie das bis dahin nie gesehene Schweben Nijinskjs, seine plötzlichen Sprünge in die Höhe und aus dem Gesichtsfeld des Zuschauers, oder der mörderische Tigersprung des Schauspielers Di Grasso, der von Isaak Babel zum Symbol aller wahren Kunst erhoben wurde – oder der Sprung aus dem Licht in die Finsternis, den Kurtz vollführt und dessen Fürchterlichkeit ihm das Recht gab, authentisches Leben zu äußern, indem er sein Grauen bekundete. Mit seinem letzten Atemzug sagt er: »Das Grauen! Das Grauen!«* »Dies ist der Grund«, sagt Marlow, »weshalb ich behaupte, Kurtz sei ein bemerkenswerter Mann gewesen. Er hatte etwas zu sagen. Er sagte es... Er hatte die Summe gezogen – er hatte das Urteil gefällt: ›Das Grauen!‹ Er war ein bemerkenswerter Mensch... Ich kann bloß hoffen, die Summe, die ich gezogen hätte, wäre nicht ein Wort gleichgültiger Verachtung gewesen. Besser noch sein Ausruf – viel besser. Es war eine Bejahung, ein moralischer Sieg, der durch unzählige Niederlagen, durch abscheuliche Schrecken, durch abscheuliche Befriedigungen erkauft worden war. Doch es war ein Sieg! Das ist es, weshalb ich Kurtz bis zum letzten die Treue hielt...«

* Nicht selten werden Kurtz' letzte Worte von liberalen und radikalen Kritikern als eine Charakterisierung des Imperialismus interpretiert, aber dafür gibt es natürlich keinerlei Anhaltspunkt.

VI.
Das authentische Unbewußte

1.

Obwohl ich auf diesen Seiten von Authentizität als einem Kriterium der Kunst und als einer Eigenschaft des persönlichen Lebens, die durch die Kunst verstärkt oder geschwächt wird, gesprochen habe, habe ich bisher die besonderen Entwicklungen der zeitgenössischen Kunst, in denen unser Streben nach Authentizität zur Geltung kommt, kaum beachtet. Ein hinreichend deutliches Beispiel dafür ist in der Literatur der auffallende Bedeutungsverlust der Erzählung, des Geschichtenerzählens. Heute wäre ein Romancier, der wie Henry James von sich sagen würde, er liebe »die Erzählung als Erzählung«, eine Ausnahme. Henry James meinte damit die Erzählung unabhängig von ihrem möglichen gedanklichen Gehalt, einfach weil sie, wie jede primitive Erzählung, »die gesegnete Fähigkeit zum Staunen«, wie er es nannte, ins Spiel bringt. Das Erzählen als ein Mittel, den Leser »in Bann zu schlagen«, wie die altertümliche Wendung lautet, war schon zu Henry James' Zeiten verdächtig geworden. Das Mißtrauen ist dann so sehr gewachsen, daß Walter Benjamin vor einigen Jahrzehnten sagen konnte, die Kunst des Erzählens gehe zu Ende. Die berühmte ältere These von T. S. Eliot, der Roman habe mit Flaubert und James sein Ende erreicht, scheint nicht wörtlich zuzutreffen, denn in gewisser Weise sieht es so aus, als lebe der Roman weiter. Doch es läßt sich nicht übersehen, wie problematisch das Erzählen geworden ist, das einmal das Lebenselement des Romans war, und wie sehr sich die Romanautoren bemühen, den Akt des Erzählens durch irgendeinen Kunstgriff zu umgehen, zu überspielen oder zu kaschieren.

Benjamin spricht von der »Ausrichtung auf das praktische Interesse« als einem »charakteristischen Zug bei vielen geborenen Erzählern«; jede wahre Erzählung führe, »offen oder versteckt, ihren Nutzen mit sich«, der Erzähler sei ein Mann, »der dem Hörer Rat weiß«. Und dieses »Rat wissen«, sagt Benjamin, fange heute an, »altmodisch im Ohre zu klingen« [84]. Altmodisch – das heißt: für die Gegenwart nicht authentisch. Es hat etwas für unsere Zeit Inauthentisches, wenn wir uns in Bann schlagen lassen, uns für einen Augenblick selbstvergessen mit dem Schicksal einer Person beschäftigen, die wir nicht selbst sind, die wir aber andererseits aufgrund des Banns, unter dem wir stehen, auch selbst sind, indem ihr Verhalten und ihr Schicksal etwas mit dem des Lesers zu tun haben. Heute neigen wir dazu, uns zu fragen, mit welchem Recht der Erzähler über jene andere Person oder gar über den Leser Autorität hat. Mit welchem Recht führt er jene Verschmelzung zwischen den beiden herbei und maßt sich an, Rat zu wissen?

Richard Gilman hat, vielleicht angeregt von Benjamins Aufsatz, vom Erzählen gesagt, es sei »eben jenes Element der Fiktion, das es zu einer bloßen Alternative des Lebens macht, es dazu herabsetzt, wie das Leben zu sein, nur natürlich besser, ein Traum (oder ein nützlicher Alptraum), ein Ausweg, eine Entschädigung, ein Abklatsch, eine Lektion«. [85] Der inauthentische Charakter des Erzählens läge dann hauptsächlich in seiner Voraussetzung, daß sich das Leben verstehen und also auch bewältigen lasse. Es liegt im Wesen des Erzählens, daß es erklärt; es muß einfach sagen, wie die Dinge sind und sogar warum sie so sind. Wie ist der Tod und wie ist all das Leid in die Welt gekommen? Nun, ich will es euch erzählen – »Am Anfang...« Doch ein Anfang impliziert auch ein Ende und etwas dazwischen, was sie miteinander verbindet. Der Anfang ist nicht nur das erste in einer Reihe von Ereignissen, sondern dasjenige Ereignis, aus dem die folgenden entspringen. Und das Ende ist nicht nur das letzte Ereignis, das Aufhören des Geschehens, sondern der Sinn oder zumindest das dunkle oder helle Versprechen eines Sinns. Die Geschichte wird nicht von einem Idioten erzählt, sondern von einem vernünftigen Bewußtsein, das in den Dingen die Prozesse erkennt, die ihr Grund sind, und daraus ein Verhaltensprinzip und eine Art, mit den Dingen zu leben, ableitet. Können wir uns heute und in unserer Epoche einer so primitiven Erklärungsform unterwerfen, die so unverhüllt aristotelisch ist?

Von einem großen Teil der Angehörigen einer wichtigen geistigen Disziplin ist diese Frage verneint worden. In den letzten Jahren haben viele Historiker die alte Treue ihres Handwerks gegenüber der Form des Erzählens aufgekündigt. Ihre Ablehnung ist so groß, daß G. R.

Elton von einer »verächtlichen Feindseligkeit« sprechen kann und sich in seinem Buch über die Grundsätze und die Praxis der politischen Geschichtsschreibung zu einer Verteidigung des Erzählens genötigt sieht. Die entschiedene Ablehnung der erzählenden Methode führt Elton auf die Vielfalt des Beweismaterials zurück, über das der moderne Historiker inzwischen verfügt. Diese Vielfalt ist so groß, daß dadurch die Überzeugung genährt wird, die Geschichte werde in unzulässiger Weise vereinfacht, wenn sie in Form einer Erzählung dargeboten werde, und es sei »die einzige Art, Geschichte zu schreiben, wenn man ein Stück der Vergangenheit vor den Augen des Lesers zerlegt und es in der Beschreibung eines organischen Zusammenhangs oder einer Struktur wieder zusammensetzt«. Elton sieht die intellektuelle Befriedigung, die die Methode der Strukturanalyse bietet, darin, daß sie »eine Aufgabe sorgfältig durchführt und zum Bestand unseres Wissens ... etwas wirklich Begriffenes hinzufügt«. Im Vergleich dazu, meint er, »ist die Befriedigung, eine Geschichte zu erzählen (so kompliziert sie auch sein mag) bestenfalls ästhetischer Art, schlimmstenfalls trügerisch«. Gleichwohl ist er der Ansicht, daß die ausschließliche Verwendung der analytischen Methode zu einer Negation der Geschichte selbst führe, weil sie die für die Geschichte wesentliche »Tatsache der Bewegung« übersehe. »Ohne einen Sinn für Zeit und Wandel, Leben und Tod hört die Geschichte überhaupt auf, Geschichte zu sein, während eine Erzählung, die den Umfang vergangener Erfahrung nicht vollkommen ausschöpft, immer noch Geschichte ist, wenn auch nicht in vollkommen adäquater und befriedigender Weise.« [86]

Die Frage läßt sich nicht umgehen, ob es nicht mehr als technische Erwägungen gewesen sind, die die Historiker zu ihrer Ablehnung der Erzählung geführt haben, und ob sich nicht hinter den methodologischen Gründen ein unausdrückliches kulturelles Urteil verbirgt. Diese Möglichkeit wird von J. H. Plumb bejaht, der das geringe Ansehen, das die erzählende Geschichtsschreibung genießt, noch viel drastischer als Elton charakterisiert. Er glaubt, daß man dabei sei, die Vergangenheit selbst aus dem Bewußtsein des modernen Menschen zu tilgen. Seine extreme These kommt schon im Titel des Buches zum Ausdruck, in dem er sie entwickelt: *The Death of the Past* – Der Tod der Vergangenheit. »Im Unterschied zu den Händler-, Handwerker- und Agrargesellschaften«, schreibt er, »braucht die Industriegesellschaft die Vergangenheit nicht. In ihrer intellektuellen Orientierung ist sie nicht auf Bewahrung, sondern auf Veränderung, auf Ausbeutung und Konsum gerichtet.

Die neuen Methoden, neuen Prozesse und neuen Lebensformen der wissenschaftlichen und industriellen Gesellschaft sind nicht durch ihre Vergangenheit sanktioniert und haben in ihr keine Wurzeln. Die Vergangenheit wird deshalb eine Sache der Neugier, der Nostalgie und Sentimentalität.« Das heißt, daß die Vergangenheit, soweit sie im modernen Bewußtsein überhaupt existiert, nicht mehr ist, was sie bis vor kurzem noch war – sie sanktioniert nicht mehr die Autorität und verbürgt nicht mehr das Schicksal.* Daß die Vergangenheit vom Tod ereilt wurde, geschah plötzlich, noch in der Reichweite unserer Erinnerung, erst vor einer Generation. In Großbritannien hat nach Plumbs Meinung die Vergangenheit ihre Macht zuletzt daran erwiesen, wie die Nation »in dem titanischen Kampf gegen Hitler ihre Rolle verstand«.

Eine »erzählerische Vergangenheit, eine Vergangenheit mit eindeutigen und positiven Anfängen« [87] – so charakterisiert J. H. Plumb die Vergangenheit, die nun im Verschwinden begriffen ist. »Am Anfang schuf Gott Himmel und Erde.« »Im Anfang war das Wort, und das Wort war bei Gott, und Gott war das Wort.« Dies sind Anfänge, so eindeutig und positiv wie sie nur sein können, und die Blüte der Geschichtsschreibung – der erzählenden Geschichtsschreibung, wie wir nun sagen müssen – kann man sich vielleicht so erklären, daß es eines ihrer unausgesprochenen Ziele war, den Verlust solcher Anfänge zu ersetzen. Als Gott starb – was nach allgemeiner Übereinstimmung der Fall ist, auch wenn die Kunde von seiner Abdankung erst allmählich bei uns angelangt ist – hat die Geschichte die Aufgabe übernommen, für die Anfänge zu sorgen, die die Menschen einstmals für unentbehrlich hielten, damit die Welt und sie selbst ihrer Vorstellung von Authentizität genügen konnten. Nietzsche sagt, daß alle Dinge und der Mensch alles »Schwergewicht« [88] verloren zu haben schienen, als man merkte, daß Gott tot war. Die großen erzählenden Historiker haben das Schwergewicht der Dinge in hohem Grade bewahrt, indem sie die Vergangenheit stärkten, sie anspruchsvoll, gebieterisch und zu einer Sanktion der Autorität und Garantie des Schicksals machten. Die Geschichte, die sie erzählten, deutete den Schall und Rauch der Ereignisse, ließ sie *irgendetwas* bedeuten und gab ihnen eine Richtung und ein Ziel, auf das sie hinliefen. »Am Anfang war die *witenagemot* [die gesetzgebende Versammlung der Kelten].« »Im Anfang war der Genius der keltischen Rasse.« Daraus folgen dann Ziel, Ruhm, wesentliche Richtigkeit, un-

* Solchen Zwecken dient offensichtlich die neu entstandene »*Black History*«, die sehr stark dem Erzählen verpflichtet ist.

bezweifelbare Wirklichkeit und unerschütterliches Daseinsgefühl des englischen, des französischen Volkes. Die erzählende Geschichte mit ihrer Darstellung von Notwendigkeit und Unbeständigkeit erfüllte die Funktion, den Menschen das Gefühl ihrer Schwere zu erhalten und ihre Füße wissen zu lassen, daß der Boden unter ihnen noch fest war und es einen Weg gab, den sie einschlagen konnten. »Die Geschichte Englands wie eine Bibel zu schreiben« – zu dieser Aufgabe rief Carlyle in einer Zeit der Krise und der Angst auf. »Denn auch England (wie irgendein Stamm Juda) hat eine Geschichte, die göttlich ist; eine ewige Vorsehung wacht über jedem seiner Schritte ... und führt England zu *seinem* Ziel und Werk, welches in der Welt auch groß gewesen ist!« [89]

Jetzt aber hat die erzählende Vergangenheit, wie der Schöpfergott, dessen Surrogat sie eine Zeitlang war, ihre Authentizität stiftende Macht verloren. Nicht nur vermittelt sie keine Authentizität, sondern sie ist geradezu zu einem Paradigma der Nicht-Authentizität geworden. Das *Hier* und *Jetzt* mag unerfreulich sein, zumindest aber ist es authentisch, indem es wirklich hier und jetzt ist und sich nicht durch irgendein schattenhaftes *Dort* und *Damals* erklären läßt. Daß die erzählende Geschichtsschreibung bei den Historikern in Ungnade gefallen ist, zeigt sich daran, daß sie aus dem Lehrplan unserer Schulen verschwunden und in den Studiengängen der Universitäten degradiert ist.* Dadurch hat sich das politische Denken – das radikale ebenso wie das konservative – in seinem Wesen verändert: Soweit die marxistische Theorie überhaupt populär ist, tritt sie nicht mehr im Zeichen der »Logik der Geschichte« auf, wie sie es noch vor vierzig Jahren stolz getan hatte. Das hängt mit äußerstem Autoritätsverlust der literarischen Bildung und mit der wachsenden Gleichgültigkeit gegenüber ihrem traditionellen Unterricht zusammen. Den Helden, die beispielhafte Gestalt, gibt es nicht ohne den eindeutigen und positiven Anfang; der Held ist seine Geschichte vom bedeutungsvollen Augenblick seiner Geburt bis zum bedeutungsvollen Augenblick seines Todes. Vielleicht hängt das geringe Ansehen des Erzählens auch mit Veränderungen der Beziehung des Kindes zur Familie zusammen, denn traditionell war die Familie eine erzählende Institution: sie war die Vergangenheit und wußte zu erzählen, wie die Dinge anfingen, das Kind selbst eingeschlossen, und sie wußte Rat.

* Ich beziehe mich nur auf die amerikanischen Verhältnisse. Welche Stellung die Geschichte im Erziehungssystem anderer Völker einnimmt, kann ich nicht mit Sicherheit sagen, aber ich wage zu vermuten, daß sie auch dort an Bedeutung verloren hat.

2.

Ich habe die Frage der Feindseligkeit unserer Kultur gegen das Erzählen nicht aufgeworfen, um sie um ihrer selbst willen zu behandeln, wie sie es verdiente, sondern nur, um ein Beispiel für die Art der kulturellen Erscheinungen zu geben, die zu unserem Thema gehören. Jetzt aber, wo diese Frage vor uns steht, mag sie gleich einem weiteren Zweck dienen, nämlich ein weitläufiges und schwieriges Thema einzuleiten – wie das Ideal der Authentizität sich zur modernen Theorie des Bewußtseins verhält, insbesondere zu jenem Begriff, der für die moderne psychologische Theorie konstitutiv ist, zum Unbewußten. Der Begriff des Unbewußten verdankt seine gegenwärtige sehr komplizierte Entwicklung der Psychoanalyse. Wie ich wohl kaum sagen muß, ist die Psychoanalyse eine Wissenschaft, die auf Erzählen und Mitteilen beruht. Ihr Erklärungsprinzip besteht darin, sich die Geschichte – irgendwie, gleichgültig, auf welche Weise – erzählen zu lassen, um herauszufinden, wie sie anfängt. Die Psychoanalyse geht von der Voraussetzung aus, daß die erzählte Geschichte »Rat weiß«.

Die Psychoanalyse hatte sich kulturell erst wenige Jahre durchgesetzt, als Eliot seine These aufstellte, daß der Roman an sein Ende gekommen sei. Manche Kritiker haben die Vermutung ausgesprochen, die Psychoanalyse selbst habe zum Niedergang des Romans beigetragen, indem sie eine narrative Erklärung des Verhaltens anbot, die erschöpfender war als die der Literatur und mehr Autorität besaß. Doch wenn es überhaupt denkbar ist, daß die Psychoanalyse mit dem Roman in Konkurrenz gestanden und sich ihm in gewisser Weise als überlegen erwiesen hat, dann war dies jedenfalls nicht lange der Fall. Schon früher habe ich auf die Tatsache hingewiesen, daß die Freudsche Theorie gegenwärtig einen Vertrauensschwund erleidet. Diese Entwicklung läßt sich nicht auf eine einzige Ursache zurückführen, sondern zu ihr hat sicher auch die gegenwärtig zu beobachtende Desillusionierung über die Erklärungskraft des Erzählens beigetragen.

Auch wenn sich ein Vertrauensschwund in die Psychoanalyse als eine Tendenz unserer Kultur feststellen läßt, dann ist dieser Vorgang jedoch keineswegs zum Abschluß gekommen. Unter den Elementen der Freudschen Theorie gibt es mindestens eines, das nicht davon bedroht ist, aufgegeben zu werden, denn es ist von unserer kulturell geprägten Einstellung untrennbar. Dies ist die Lehre, daß es im menschlichen Bewußtsein zwei Systeme gibt, von denen das eine manifest und das andere latent ist.

Diese Vorstellung ist uns durchaus nicht immer leicht vollziehbar – die persönlichen Erfahrungen, die uns von der Existenz eines unbewußten geistigen Systems überzeugen, machen wir immer wieder mit neuer Überraschung und Verwirrung, was aber zugleich ihre Überzeugungskraft bedingt. Aber trotz gelegentlicher Schwankungen ist der Gedanke eines unbewußten geistigen Systems ein fester Bestandteil unserer Kultur.

Daß ein Teil der Tätigkeit des Geistes dem Bewußtsein nicht unmittelbar zugänglich ist, ist an sich natürlich kein neuer Gedanke. Er ist nicht mit der Psychoanalyse entstanden. Freud selbst hat gesagt, die Dichter hätten das Unbewußte entdeckt, und abgesehen von seiner instinktiven Anerkennung durch die Dichter ist der Glaube an seine Existenz oft ausdrücklich formuliert worden und es hat einige durchaus spezifische Aussagen über seine Natur gegeben. Die zahlreichen Theorien des Unbewußten vor Freud sind verschiedentlich beschrieben worden, zuletzt besonders eingehend von Henri F. Ellenberger in seinem Buch über die Entdeckung des Unbewußten.

Im Zusammenhang mit den Quellen des Freudschen Denkens verweist Ellenberger auf eine geistige Strömung, die bisher übersehen wurde, obwohl sie seiner Meinung nach Beachtung verdient. Ellenberger bezeichnet diese in Europa einige Jahrhunderte lang vorherrschende Geisteshaltung als »Neigung zum Demaskieren« und bestimmt sie näher als »systematische Untersuchung von Täuschung und Selbsttäuschung und Enthüllung einer darunter verborgenen Wahrheit«. [90] Ihre Anfänge sieht er bei den französischen Moralisten des siebzehnten Jahrhunderts und findet sie bei Schopenhauer, Marx, Ibsen und Nietzsche fortgeführt. Ich habe bereits erwähnt, eine wie wichtige Rolle diese Idee der »Demaskierung« für das Ethos der Französischen Revolution gespielt hat. Die »Neigung zum Demaskieren« setzt sich mit unverminderter Kraft in unserer Zeit fort, und wenn wir erklären wollen, warum die Idee eines unter dem manifesten System verborgenen geistigen Systems bei uns so breite Anerkennung gefunden hat, dann ist einer der Gründe dafür sicherlich, daß diese Idee mit der fest verwurzelten Überzeugung in Einklang steht, daß unter der Oberfläche jedes menschlichen Phänomens eine davon abweichende Wirklichkeit verborgen liegt, und daß man geistig, praktisch und (nicht zuletzt) moralisch Gewinn daraus zieht, wenn man sie entschlossen ans Tageslicht holt.

Man würde die Theorie der Psychoanalyse unvollständig, wenn auch nicht unzutreffend beschreiben, wenn man sagen würde, daß sie das bewußte System des Geistes als Maskierung der Kräfte und Absichten des unbewußten Systems begreift. Freud selbst sagt, daß das Ich, der Sitz des Bewußtseins, dem Unbewußten »gleichsam als Fassade dient«. [91] Dies legt den Gedanken an eine Komplizenschaft zwischen dem Ich und dem Es nahe, die in der Tat besteht. Der Gegensatz zwischen den beiden kommt darin freilich nicht zum Ausdruck. Die Kräfte und Absichten des Es sind instinktiver Natur und libidinös, sein einziges Ziel ist Lustgewinn. Die Hauptsorge des Ich gilt dem Überleben des menschlichen Organismus und dazu versucht es, die unbekümmerten Strebungen und Kräfte des Es zu überwachen, wobei es so weit geht, daß es sie aus dem Gesichtskreis, das heißt aus dem Bewußtsein, drängt. Indem es in dieser Weise die Triebe des Es verdrängt, macht das Ich die Existenz der Gesellschaft möglich, die für das menschliche Überleben notwendig ist.

Wie wir jedoch nur zu gut wissen, ist die Geschichte damit nicht zu Ende. Die Triebe des Es finden sich, trotz aller Überwachung und obwohl sie weitgehend verdrängt sind, mit dem Programm des Ich nicht ab. Im Dunkel des Unbewußten, wohin sie verbannt sind, halten diese Triebe eine vielschichtige subversive Beziehung zum bewußten System aufrecht, und es gelingt ihnen bis zu einem gewissen Grade, sich darin selbst zwar nicht direkt, aber durch eine abweichende Symbolik auszudrücken. Dieser symbolische Ausdruck der verdrängten Triebe ist in der Regel von einem bestimmten Maß an Schmerz und einer Funktionsstörung begleitet, die als Neurose bezeichnet wird. Diese Störung ist universell. Mit Freud können wir sagen, »daß wir *alle* krank ... sind« [92] – die Neurose gehört zur Natur des Bewußtseins. Ihre Intensität bei den Einzelnen ist unterschiedlich. Bei einigen ist der durch den Symbolisierungsvorschlag verursachte Schmerz so groß, daß eine klinische Behandlung nötig wird. Ihre psychische Dynamik unterscheidet sich jedoch nicht von der der übrigen Menschheit. Wir alle sind neurotisch.

Das klinische Verfahren der Psychoanalyse ist bekannt. Die therapeutische Methode beruht auf der Überzeugung, daß dann, wenn der bewußte Teil des Geistes die schwierige Symbolik der verdrängten Triebe des Unbewußten zu deuten gelernt hat und dadurch ans Licht bringt, was er fürchtete und aus dem Gesichtskreis verbannt hat, das Ich in der Lage sein wird, den Trieben des Es in ihrer ganzen Wörtlichkeit entgegenzutreten und so von dem Schmerz befreit zu sein, den ihr symbolischer Ausdruck bereitet. Der Patient, der Analysand wird durch verschiedene Mittel – indem er seine Kindheitserfahrung zurückgewinnt, seine Träume erzählt und sie mit Hilfe des Analytikers deutet und seine Phantasien und flüchtigen Gedanken ausspricht, die manchmal banal und dumm und manchmal beschämend sein werden – lernen, die subversiven Kunstgriffe der geächteten Triebe zu erkennen und sich mit ihnen als Elementen, die zu seiner Natur gehören, abzufinden und ihnen so ihre Macht über ihn zu nehmen.

Der therapeutische Prozeß der Psychoanalyse scheint demnach ein entschlossener Versuch der Selbsterkenntnis zu sein, die Anstrengung, im Bewußtseinsleben des Einzelnen eine Inauthentizität zu erkennen und zu überwinden, die gleichwohl beklagt werden muß, weil sie erzwungen und universell ist. Und dies ist nicht nur aufgrund der Natur dessen, was zugedeckt wurde und jetzt wieder freigelegt wird, der Fall, das heißt also weil die Idee der Authentizität sich ohne weiteres mit den Trieben, besonders mit den libidinösen Trieben, verbindet, sondern auch weil die Neurose ihrer Natur nach eine tiefe Unwahrhaftigkeit des Bewußtseinslebens impliziert, indem sie ein verhüllter Ersatz für etwas anderes ist. Die Psychoanalyse spricht vom Schmerz oder der neurotischen Störung als einer »Ersatzbefriedigung« – was könnte unwahrhaftiger sein als eine Triebregung, die dadurch zum Bewußtsein Zugang erhält, daß sie sich als ihr Gegenteil maskiert? Die Neurose ist eine Tartufferie, die ein Teil der Seele dem anderen gegenüber vollführt. Sie muß durch eine minutiöse Untersuchung ihrer Täuschungsmanöver behandelt werden, bis man ihr endlich die Maske herunterreißen kann.

Darin erschöpft sich nicht die ganze psychoanalytische Therapie oder die Neurosenlehre in ihrer vollen Entfaltung. Doch es kommt dabei zur Geltung, was man als das auslösende Prinzip der Freudschen Theorie ansehen kann. Deswegen hat Jean-Paul Sartre hier angesetzt, um die ganze Wucht seines Angriffes gegen die Psychoanalyse darauf zu richten. Er meint, daß der psychoanalytische Versuch, die Unwahrhaftigkeit des Bewußtseinslebens aufzuspüren und bloßzulegen, selber unabweisbar inauthentisch ist.

Sartre vertritt diese Meinung in dem bekannten zweiten Kapitel von *Das Sein und das Nichts*, seiner großangelegten und eindringlichen Untersuchung der Bedingungen persönlicher Inauthentizität. Das Kapitel trägt die Überschrift »Die Unwahrhaftigkeit«. Sartre glaubt dem psychoanalytischen Verfahren mit den heimlichen Triebregungen diesen Vorwurf der Falschheit in zweifacher Hinsicht machen zu können. Einmal hinsichtlich der moralischen Folgen des von der Psychoanalyse vorausgesetzten Bewußtseinsdualismus und zum anderen hinsichtlich dessen, was man als die absichtliche Naivität der psychoanalytischen Deutung der Winkelzüge des von ihr postulierten psychischen Mechanismus bezeichnen könnte.

Der von Sartre hervorgehobene Dualismus ist der von unbewußtem Es, das ganz aus instinktiven Trieben besteht, und bewußtem Ich. »Freud hat durch seine Unterscheidung des ›Es‹ vom ›Ich‹«, sagt Sartre, »das Psychische in zwei Teile geteilt.« Aus dieser Dichotomie folgt das schlechte Gewissen der Psychoanalyse. Ein Teil des psychischen Ganzen betrachtet den anderen Teil als Objekt und verzichtet so auf die Verantwortung für ihn. Dieser Verzicht besteht darin, daß die Aktivitäten des Es dem Ich nur hypothetisch, als mehr oder weniger wahrscheinlich, bekannt sind. Sie können nicht mit der Kraft einer Anschauung, einer wirklichen Erfahrung oder als Teil des moralischen Daseins des Einzelnen gewußt werden. Sartre formuliert das so: »Ich *bin* Ich, aber ich *bin nicht* Es«, das heißt: »Ich bin meine eigenen psychischen Phänomene, insoweit ich sie in ihrer mir bewußten Realität feststelle.« [93] In der psychoanalytischen Behandlung wird der Einzelne zu einer Auffassung der Psyche gebracht, wonach er, das Ich-er, das Subjekt, einen Teil seines Bewußtseinslebens nicht als »bewußte Realität«, nicht als eine Anschauung, sondern als ein Objekt zur Kenntnis nehmen soll. Die psychischen Tatbestände, die ihm deutlich werden, nimmt er als äußere Erscheinungen wahr, die getrennt von dem Bewußtsein, das sein Dasein ausmacht, existieren, obwohl sie in ihrer Wirkung auf ihn als von entscheidender Bedeutung vorgestellt werden. »Aber ich bin jene psychischen Tatbestände nicht«, sagt Sartre, »insofern ich sie passiv entgegennehme«, also bloß als Objekt. Außerdem werden die psychischen Tatsachen des Es vom Ich nicht nur passiv entgegengenommen, sondern ihnen wird auch nur begrenzte Glaubwürdigkeit zugestanden – »Ich bin jene psychischen Tatbestände nicht, insofern ich ... genötigt bin, über ihren Ursprung und ihre wirkliche Bedeutung Hypothesen aufzustellen, geradeso wie ein Gelehrter Vermutungen anstellt über die Natur und das Wesen eines Phänomens der Außenwelt.« Das Kriterium der Wahrheit einer solchen Hypothese ist »der Umfang der bewußten psychischen Tatbestände, die sie erklärt«, deren Erklärung aber niemals die Gewißheit dieser Anschauung haben kann. Die Psychoanalyse ist also der persönlichen Authentizität nicht nur nicht förderlich, sondern durch die eingeführte Aufspaltung des Bewußtseinslebens arbeitet sie ihr sogar entgegen, indem sie einen Teil des Bewußtseins dem bloß objektiven Dasein überantwortet und ihm eine bloß hypothetische Rolle zuweist, ohne daß das Subjekt dafür verantwortlich ist.

Wahrscheinlich ist es für Sartre unerheblich, daß die Psychoanalyse den von ihr angeblich postulierten Dualismus in ihrer klinischen Praxis zu überwinden sucht, denn er fordert, daß die seelischen Tatsachen, die dem Analysanden enthüllt werden, für ihn die Kraft einer Anschauung, einer gelebten Erfahrung haben und als solche Teil seiner Subjektivität werden sollen. Unvermeidlich kommt diese Subjektivierung niemals zum Abschluß, und ein Teil der seelischen Tatsachen bleibt in dem unerlösten Daseinszustand eines Objekts.

Die zweite Argumentationslinie des Sartreschen Versuchs, die Frage der Authentizität der Psychoanalyse aufzuwerfen, zielt auf das Wesen des »Zensors«, der zwischen dem Bewußtsein des Ich und den subversiven Triebregungen des Es steht und diese daran hindert, selbst unmittelbar manifest zu werden.* Diese Instanz der Verdrängung wird von der Psychoanalyse als Teil des unbewußten Seelenlebens dargestellt, wogegen Sartre einwendet, daß der Zensor, um seine Funktion zu erfüllen, gezielte Akte der Wahrnehmung und Unterscheidung vollziehen müsse, die ihrer Natur nach zum Bewußtsein gehören. »Aber es genügt nicht einmal, daß [die Zensur] die öffentlich verurteilten Triebe herausfindet, sie muß sie auch als zu verdrängende erfassen, was bei ihr mindestens eine Vorstellung ihrer eigenen Tätigkeit ins Spiel bringt. Kurz, wie soll die Zensur die zu verdrängenden Antriebe herausfinden, ohne ein Bewußtsein davon zu haben, daß sie sie von anderen unterscheidet? Kann man ein Wissen begreifen, das Unwissenheit über sich selbst ist? Wissen, das ist wissen, daß man weiß, sagt Alain. Sagen wir lieber: jedes Wissen ist Wissensbewußtsein.« Daraus folgt, daß die Zensur ein Bewußtsein davon haben muß, »Bewußtsein des zu verdrängenden Triebes zu sein, aber gerade, um von ihm nicht Bewußtsein zu sein«. [94] Daß die Psychoanalyse ihre Erklärungen auf eine Instanz des Seelenlebens stützt, der man ein solches Doppelspiel vorwerfen kann, ist zweifellos Ausdruck der schlimmsten Unwahrhaftigkeit.**

* Die Herausgeber der englischen Standard-Edition (*The Complete Psychological Works of Sigmund Freud,* 24 Bde., London 1951–1969) legen auf die Feststellung Wert (Bd. XVI, S. 429, Fußnote und Bd. XXII, S. 15, Fußn.), daß Freud das Wort »Zensor« nur an sehr wenigen Stellen benutze und gewöhnlich – »fast ausschließlich« – von »Zensur« spreche. Wer diese Zensur ausübt, wird vollkommen deutlich aus dem, was weiter unten über die Entwicklung der Freudschen Ichpsychologie gesagt wird.

** Sartres Argumentation, die ich nicht in allen Einzelheiten wiedergebe, richtet sich

Die Bemerkung ist angebracht, daß Sartre sich in *Das Sein und das Nichts* mit einem relativ frühen Stadium der psychoanalytischen Theorie auseinandersetzt. Obwohl er sein Buch 1943 schrieb, hat er die Veränderungen, die Freuds Denken in nahezu einem Vierteljahrhundert durchgemacht hatte, nicht berücksichtigt. Freud begann seine Theorie des Unbewußten, besonders aber seine Theorie des Ich, im Jahre 1919 radikal zu revidieren. Ihre Neuformulierung macht Sartres Beschreibung, wie das psychische Ganze von Freud in zwei Teile geteilt wird, zu einem Anachronismus, denn nun kann man nicht mehr sagen, daß die Spaltung zwischen dem bewußten Ich und dem unbewußten Es verläuft. Auf der Grundlage der alten Theorie war Sartre durchaus zu der Annahme berechtigt, das Ich sei ein Synonym für das bewußte Selbst, aber nach Freuds drastischer Revision seiner früheren Auffassung wird das Ich nicht mehr als koextensiv mit dem Bewußtsein gedacht. Von einem Teil des Ich wird jetzt gesagt, es verliere sich so weit im Dunkel des Unbewußten wie das Es selbst. »Wir haben im Ich selbst etwas gefunden«, schreibt Freud, »was auch unbewußt ist, sich geradeso benimmt wie das Verdrängte, das heißt starke Wirkungen äußert, ohne selbst bewußt zu werden, und zu dessen Bewußtmachung es einer besonderen Arbeit bedarf.« [95]

Außerdem wird das Ich nicht mehr als »selbständig, einheitlich« und in dieser Eigenschaft dem Es vollkommen entgegengesetzt gesehen. Vielmehr sagt Freud, daß es sich »nach innen ohne scharfe Grenze« in das Es fortsetze. Das Ich selbst ist »mit Libido besetzt«, und die Durchdringung der beiden psychischen Größen, die einstmals nur als gegeneinander feindlich gedacht werden konnten, ist so stark, daß Freud vom Ich sagen kann, es sei die »ursprüngliche Heimstätte« der Libido und bleibe »gewissermaßen auch ihr Hauptquartier«. [96]

Es gibt noch eine weitere Modifikation der früheren Auffassung vom Ich. Zu Freuds Überraschung – er spricht von einer »befremdenden« Erfahrung – entsprechen die Vorgänge, die sich im unbewußten Teil des Ich abspielen, einigen der Leistungen, die in der Regel für den bewußten Teil des Ich charakteristisch sind. Dies sind, wie Freud sich ausdrückt, »überaus hochwertige seelische Leistungen«, wie Selbstkritik und Gewissen.

Die Bedeutsamkeit der Freudschen Revision seiner Theorie wird

gegen die psychoanalytische Erklärung des »Widerstandes« des Analysanden gegen den therapeutischen Prozeß.

unmittelbar einleuchten. Während das Ich früher als die Instanz gesehen wurde, die sozusagen für das Leben sorgt und mit der Welt umgeht, vollkommen bewußt und in seiner auf praktische Zwecke ausgerichteten Existenz von blinden Trieben gefährdet, wird es nun als dem Bewußtsein teilweise unzugänglich vorgestellt, nicht weniger abweichend als das Es und in tiefer Verwicklung mit den libidinösen Kräften des Es, während sich gleichzeitig seine »überaus hochgewerteten« Leistungen des Gewissens und der Selbstkritik nicht nur auf das Es, sondern auch auf den bewußten Teil seiner selbst richten.

Es sieht nicht so aus, als hätte irgendein Element der neuen Theorie Sartres These von der inhärenten Inauthentizität der Psychoanalyse modifizieren können, vorausgesetzt Sartre hätte diese Theorie zur Kenntnis genommen. Gewiß, wir haben gesehen, daß man Freud nun nicht mehr vorwerfen kann, daß er das seelische Ganze in der Weise, wie Sartre es beanstandet, in zwei Teile aufspaltet. Doch auch wenn der Dualismus von Ich-Subjekt und Es-Objekt beseitigt ist, haben wir jetzt einen tieferen und unheilvolleren Dualismus von bewußtem Ich als Subjekt und unbewußtem Ich als Objekt, mit all dem, was dies für die phänomenologische und existenzialistische Position, für die Sartres Kapitel als ein Beispiel stehen soll, an Inauthentizität einschließt. Daß Freud das ausführende Organ der Zensur als den unbewußten Teil des Ich bestimmt, dem er die Leistungen des Gewissens und der Selbstkritik zuschreibt, scheint Sartres These zu bestätigen, daß »unbewußt« nicht eigentlich die richtige Bezeichnung dafür sei, denn definitionsgemäß beruhen diese »überaus hochgewerteten« Leistungen auf Wissen, das seiner Definition nach ebenso Bewußtsein des Wissens ist.

Es ist nicht anzunehmen, daß der behauptete Widerspruch die psychoanalytische Theorie beunruhigt hätte. Man kann aber sagen, daß Freud in der späteren Entwicklung seines Denkens dazu neigt, dem Unbewußten, besonders dem unbewußten Ich, die Merkmale der Wahrnehmung und des Wissens, die implizit dazugehören, ausdrücklich zuzuschreiben. Wenn dies dazu führt, daß als bewußt beschrieben werden muß, was die Psychoanalyse als »das Unbewußte« bezeichnet, dann ist dies ein Widerspruch in der Terminologie und nicht in der Konzeption. Die Redlichkeit der Psychoanalyse wird nicht in Zweifel gezogen, wenn die von ihr postulierte Situation als die von zwei Bewußtseinen beschrieben wird, deren eines dem anderen durch Anschauung nicht zugänglich ist.

Das Mehr an systematischer Intentionalität, daß die Psychoanalyse in dem entdeckt hatte, was sie als Unbewußtes bezeichnet, hat die Aufgabe, es dem Begreifen dessen, was sie als Bewußtsein bezeichnet, zu erschließen, nicht erleichtert. Im Gegenteil, die äußerste Komplizierung der Topik und Dynamik des Ich und die besondere Aufmerksamkeit, die sie erforderte, gebot dem früheren therapeutischen Optimismus der Psychoanalyse Einhalt, zumindest hinsichtlich der Länge der Zeit, die eine erfolgreiche Behandlung brauchte. Freud wurde dadurch veranlaßt, seinen Aufsatz mit dem beunruhigenden Titel »Endliche und unendliche Analyse« zu schreiben. Die gesteigerte Widerständigkeit des Unbewußten ist auf ein bis dahin unerkanntes Prinzip der Inauthentizität zurückzuführen, dessen Doppelspiel in seinem ganzen Ausmaß daran sichtbar wird, daß es die Gesellschaft in ihrer ganzen Autorität in den Dienst seiner eigensüchtigen Zwecke stellt. Der Gedanke der fast unwiderstehlichen Macht dieses Prinzips der Inauthentizität beherrscht die reife Gesellschaftstheorie Freuds.

Es braucht kaum gesagt zu werden, daß Freuds Psychologie von Anfang an ganz entscheidend von einer bestimmten Auffassung der Gesellschaft geprägt war. Das Ich war eine soziale Gegebenheit, die Gesellschaft war das Feld seiner Erfahrung, und einen Teil seiner Orientierung sowie viele seiner Gratifikationen erhielt es von der Gesellschaft. Im Verhältnis zum Es, das durch seine asozialen Regungen definiert wurde, spielte das Ich die Rolle eines Surrogats der Gesellschaft. Man kann sagen, daß die Gesellschaft in ihren Anforderungen übermäßig streng war und daß das Ich ebenso wie das Es von jedem ihrer Mitglieder ein äußerstes Maß an Versagung erfuhr. Gleichwohl war das soziale Leben auf Geheiß des Ich zustandegekommen und sollte seinem Überleben dienlich sein. Der Preis, den die Gesellschaft dafür forderte, daß sie den Zwecken des Ich diente, konnte überprüft und möglicherweise neu festgesetzt werden. Zwar hat die Psychoanalyse sicherlich nicht der Idee Raum gegeben, das Gemeinschaftsleben und die aus ihm hervorgegangene Zivilisation könne wesentlich verändert werden, aber sie schien anzunehmen, daß die Beziehung des Einzelnen zur Gemeinschaft, grob gesprochen, vertraglicher Natur war, so daß der Einzelne eine pragmatische Haltung dazu einnehmen konnte. Diese Beziehung schien auf beiden Seiten zumindest einen gewissen Grad von Entgegenkommen zuzulassen.

Diese Auffassung der Gründe individueller Versagung ist durch Freuds neue Theorie des Ich tiefgreifend verändert worden. Die genaueste Formulierung der von Freuds Bewußtseinstheorie implizierten

Aussagen über das soziale Schicksal des Menschen stammt aus dem Jahre 1930. Es ist seine Abhandlung *Das Unbehagen in der Kultur*, eine Schrift von außerordentlicher Kraft, deren Bedeutung für die Gesellschaftstheorie unserer Zeit unübertroffen ist. Man kann sagen, daß sie sich allen Hoffnungen, durch eine radikale Revision des gesellschaftlichen Lebens das Glück zu erlangen, in den Weg stellt.

Obwohl Freud die Gabe besaß, sich ungewöhnlich klar auszudrücken, ist *Das Unbehagen in der Kultur* eine schwierige Abhandlung, nicht zuletzt deswegen, weil sie versucht, über den uns vertrauten und bequemen Gedanken, daß die Gesellschaft die unmittelbare und »hinreichende« Ursache aller unserer Versagungen ist, hinauszugelangen. Seine zentrale These lautet, daß die Gesellschaft nicht mehr als die »notwendige« Bedingung der Versagung ist. Nach der Beschreibung, die Freud hier von der Dynamik des Unbewußten gibt, ist für unser Leiden ein Element des Unbewußten selbst verantwortlich. Die Anforderungen der Kultur setzen einen strengen Disziplinierungsprozeß in Gang, der sich im Ich vollzieht, aber dieser Prozeß wird, wie Freud ausdrücklich sagt, vom unbewußten Ich weit über das Maß der vernünftigen Ansprüche der gesellschaftlichen Situation gesteigert. *Das Unbehagen in der Kultur* ist von der Lehre durchzogen, daß der Mensch im Laufe des Kulturprozesses seine eigene Natur dazu gebracht hat, eine unnachsichtige und weitgehend überflüssige Härte gegen sich selbst aufzubieten.

Diese übertriebene Härte wird von einer Instanz ausgeübt, die ich in meinen bisherigen Bemerkungen zur Psychoanalyse nicht benannt habe, obwohl ihre Leistungen erwähnt wurden – jene »überaus hochgewerteten seelischen Leistungen« des Gewissens und der Selbstkritik. Der Teil des Unbewußten, der diese Leistungen vollbringt, wird von Freud Über-Ich genannt. Er führt aus, daß das Über-Ich ursprünglich ein Teil des Ich war, sich aber von ihm losgelöst hat, um ein selbständiges Dasein zu führen und über die Leistungen des Ich zu herrschen. Seine Autorität leitet es von der Gesellschaft her, deren psychisches Surrogat es in einem gewissen Sinne ist. Doch nur in einem gewissen Sinne, denn das Über-Ich stellt weit strengere Forderungen der Versagung als die Gesellschaft, die weitgehend praktische Zwecke hat und deswegen von der Vernunft kontrolliert wird. Wir täuschen uns über die Natur des Über-Ich, wenn wir es, wie es gewöhnlich geschieht, mit dem Gewissen gleichsetzen. Beide decken sich nur bis zu einem bestimmten Punkt. Die Äußerungen des Gewissens sind durch seine praktischen sozialen Intentionen bestimmt, während das Über-Ich nicht in dieser

Weise eingeschränkt und seine Handlungsweise folglich alles andere als rational ist.* Das Verfahren, das es gegen das Ich eingeleitet hat, ist weitgehend ungerechtfertigt, entspricht nicht den Bedürfnissen der Vernunft und liegt außerhalb ihrer Zuständigkeit. Die besondere Art Schmerz, die dadurch zugefügt wird, bezeichnet Freud als Schuld.

Wir müssen uns darüber klar sein, daß Freud dieses gebräuchliche Wort nicht in seiner gewöhnlichen Bedeutung verwendet. Er meint damit nicht das Bewußtsein einer Übeltat, das er Reue nennt.** Nach Freuds Auffassung besteht das Schuldgefühl eben darin, daß es nicht aus einer wirklichen Übeltat entspringt und daß es nicht bewußt ist. Es entsteht aus einem unerfüllten und verdrängten Wunsch übelzutun, insbesondere dem Wunsch, seine Aggression gegen eine unantastbare Person, ursprünglich den Vater, zu richten, und es wird nicht als ein scharf umgrenztes, ausgesprochenes Gefühl erlebt, sondern als Negation des Gefühls, als Angst und Niedergedrücktheit, als Schwächung der Macht des Einzelnen und Verkehrung der Absichten seines bewußten Ich, als Leugnung der Möglichkeit von Belohnung und Freude, ja sogar von Lust. Das Schuldgefühl ist Blakes Wurm an der Wurzel des Rosenstocks.

An diesem Punkt muß meiner Ansicht nach darauf hingewiesen werden, daß die Beschreibung des Über-Ich in *Das Unbehagen in der Kultur* – natürlich ganz bewußt – höchst voreingenommen ist, indem die Willkür seines Verhaltens, sein völliger Mangel an Maß und Vernunft sowie seine überflüssige Strenge so stark wie nur möglich betont werden. Gegenüber diesem abschätzigen Urteil sollten wir daran erinnern, daß Freud die Aufrichtung des Über-Ich als einen entscheidenden »Fortschritt« in der Bewußtseinsentwicklung verstand. »Es liegt in der Richtung unserer Entwicklung, daß äußerer Zwang allmählich verinnerlicht wird«, heißt es in *Die Zukunft einer Illusion,* »indem eine besondere seelische Instanz, das Über-Ich des Menschen, ihn unter seine Gebote aufnimmt. Jedes Kind führt uns den Vorgang einer solchen Umwandlung vor, wird erst durch sie moralisch und sozial. Diese

* Zu Freuds komplizierten Unterscheidungen zwischen Gewissen und Über-Ich siehe beispielsweise *Das Unbehagen in der Kultur* (Studienausgabe, Bd. IX, Frankfurt 1974, S. 262).

** Siehe ebd., S. 257: »Wenn man ein Schuldgefühl hat, nachdem und weil man etwas verbrochen hat, so sollte man dieses Gefühl eher *Reue* nennen. Es bezieht sich nur auf eine Tat...« Siehe auch S. 258, 260 (über die »uns als normal geltenden Fälle von Reue«), 262–63.

Erstarkung des Über-Ichs ist ein höchst wertvoller psychologischer Kulturbesitz. Die Personen, bei denen sie sich vollzogen hat, werden aus Kulturgegnern zu Kulturträgern. Je größer ihre Anzahl in einem Kulturkreis ist, desto gesicherter ist diese Kultur, desto eher kann sie der äußeren Zwangsmittel entbehren.« [98]

Wenn wir die entscheidende und wohltätige Rolle, die das Über-Ich für die Schaffung und Erhaltung der zivilisierten Gesellschaft spielt, soweit wie nur möglich anerkannt haben, können wir jedoch seine beklagenswerte Irrationalität und Grausamkeit nicht übersehen. Letztlich kommen diese Züge in dem furchtbaren Paradox zum Ausdruck, daß jede Bereitschaft des Ich, den Verzicht, den das Über-Ich fordert, zu leisten, die Strenge des Über-Ich noch verschärft, anstatt sie zu mildern. Die Aggression, auf die das Ich verzichtet, eignet das Über-Ich sich an, um seine eigene Aggression gegen das Ich noch zu verstärken, eine Aggression, die kein anderes Motiv hat als seinen eigenen Machtzuwachs. Je mehr das Ich sich dem Über-Ich unterwirft, desto mehr Unterwerfung verlangt das Über-Ich von ihm.

Freuds Erklärung, wie das Über-Ich zu dem geworden ist, was es heute ist, läßt sich hier nicht rekapitulieren. Der Gedankengang ist äußerst schwierig, denn er umfaßt die Widersprüche und Umkehrungen der unvordenklichen Dialektik zwischen dem Trieb, die lebende Substanz zu erhalten und zu immer größeren Einheiten zusammenzufassen, was Freud als Eros bezeichnet, und dem angenommenen Todestrieb, von dem die Aggression ausgeht.* Außerdem ist diese ganze dunkle Geschichte, so faszinierend sie auch sein mag, für unsere Zwecke nicht entscheidend. Es genügt zu begreifen, daß seine Disziplinierungsaufgabe dem Über-Ich übertragen wurde, damit es den Bedürfnissen der Kultur diene, in Wirklichkeit aber sein Verhalten von deren Bedürfnissen nicht bestimmt war. Den Schritt von einer vernünftigen und pragmatischen Autorität zu willkürlicher und grausamer Despotie hat das Über-Ich vollkommen selbständig getan.

Wenn dies zutrifft, müssen wir dann nicht sagen, daß Freuds Theorie des Bewußtseins und der Gesellschaft in ihrem Kern eine schreiende Inauthentizität enthält, die sie beklagt, aber als in der Bewußtseins-

* Der Hinweis ist vielleicht angebracht, daß Freud im Unterschied zu späteren Autoren, die, angeregt durch seine Verwendung des Namens Eros, den Todestrieb als Thanatos bezeichnen, das griechische Wort selbst nie gebraucht, vielleicht weil er wollte, daß dieser spekulative und mancherlei Widerstand weckende Begriff mit der unvermittelten Kraft der Alltagssprache auftrat.

struktur verankert hinnimmt? Das Leben des Menschen in der Kultur erscheint entscheidend von einer psychischen Instanz abhängig, die unter dem Vorwand, daß es ihr um sozialen Frieden und Einheit geht, eine unaufhörliche Aggression ausübt, mit dem alleinigen Ziel, ihre eigene Macht zu versuchen, die bloß wegen eines verleugneten Gedankens straft und, anstatt sich durch Fügsamkeit gegenüber ihren Forderungen besänftigen zu lassen, in Wirklichkeit in dem Maße strenger wird, als man ihr gehorcht. Auch beschränkt der unersättliche Tyrann sein Wirken nicht auf das innere Leben des Einzelnen, sondern seine Sucht nach Friedfertigkeit beschleunigt und rechtfertigt das Wüten des Menschen gegen den Menschen. Die Herrschaft dieses grausamen Götzen der seelischen Höhle mag zwar von der Kultur nicht gefordert oder gewollt sein, doch indem die Kultur diesen ungeheuren Schwindel duldet, ist sie tief in diese groteske Inauthentizität verstrickt.

Da diese anormale Verfassung des menschlichen Lebens von rationaler Einsicht aufgedeckt und beschrieben werden kann, liegt die Annahme nahe, daß dieselbe Instanz auch auf sie einzuwirken vermag mit dem Ziel, sie in ihren Auswirkungen zu kontrollieren und so für einen wesentlichen Zuwachs des menschlichen Glücks zu sorgen. Da die Aggressivität des Über-Ich zum Teil durch seine Reaktion auf die aggressiven Regungen des Ich verursacht ist, neigen wir unvermeidlich zu der Annahme, daß eine Revision der gesellschaftlichen Ordnung, die die Ich-Aggression vermindern würde, das Über-Ich vielleicht veranlassen könnte, in seiner Strenge nachzulassen. Auf den letzten Seiten von *Das Unbehagen in der Kultur* stellt Freud selbst die Frage, wieweit ein solches Vorhaben Aussicht auf Verwirklichung hätte. Die Antwort, die er gibt, ist vorsichtig und zurückhaltend. Aber wie könnte es anders sein, da sie doch einer Erwartung entgegentritt, die jedes bewußte menschliche Verlangen hegen muß? Die Möglichkeit, Formen des Zusammenlebens zu finden, die sich auf die von ihm beschriebene psychische Dynamik wohltuend auswirken könnten, will er nicht ohne weiteres von der Hand weisen. Doch seine Skepsis, die er aus Höflichkeit gegen unsere Hoffnung unausgesprochen läßt, sitzt tief und ist, wie wir uns nicht verhehlen können, unüberwindlich. Er ist bereit zuzugestehen, auch ihm sei es unzweifelhaft, »daß eine reale Veränderung in den Beziehungen der Menschen zum Besitz« der Verwirklichung der ethischen Ideale der Gesellschaft förderlich wäre. Er vermag nicht so weit zu gehen zu sagen, daß dies eine Verbesserung der Dynamik des unbewußten Lebens mit sich bringen werde. Er meint, daß die grenzenlose Forderung des Über-Ich ihre Wurzel in der zeitlosen Vergangenheit hat, in der Naturgeschichte eines Organismus, dessen unaufhörliche Anstrengung zu überleben noch von dem Willen übertroffen wird, in der Vernichtung Frieden zu finden. Es ist unwahrscheinlich, daß eine Revision der Gesellschaftsformen sich gegen die von dieser Ambivalenz erzeugte psychische Dynamik, gegen die Vernichtung des ursprünglichen Ja mit dem nicht weniger ursprünglichen Nein, verstärkt noch durch spätere Ambivalenzen wie das Zugleich von Liebe und Haß gegen den Vater und den Wunsch sowohl nach isolierter Selbständigkeit wie nach Verbindung mit anderen, durchzusetzen vermag. Letztlich ist es eine Gegebenheit der Biologie, die für die menschliche Natur bestimmend ist und deren Folgen sich nicht abwenden lassen.

Wie kommt Freud auf dem Höhepunkt seines intellektuellen Lebens, den *Das Unbehagen in der Kultur* bezeichnet, zu einer so düsteren Lehre? Welches Motiv hat ihn bewogen, uns die Unausweichlichkeit von Schmerz und Versagung des menschlichen Daseins vorzuhalten?

Dies ist eine von den Fragen, die Nietzsche für den Umgang mit jedem systematischen Denker empfiehlt. Er fordert uns auf, die Schicht der rationalen Formulierung zu durchdringen und den unter ihr verborgenen und durch sie zum Ausdruck kommenden *Willen* zu entdekken. Worum geht es diesem Willen? Was will er – in Wirklichkeit, also ungeachtet der »Wahrheit«, von der er sagt, daß er sie wolle?

In Nietzsches Frage liegt keinerlei Böswilligkeit. Sie will nicht reduzieren, sondern verstehen und die Gedanken eines Menschen so erfassen, wie dies nur durch die Wahrnehmung seiner unausdrücklichen und sogar unbewußten Absicht möglich ist. Diese Form der kritischen Untersuchung wird natürlich von Freud in ihrer Berechtigung und Wirksamkeit bestätigt.

Auf die gestellte Frage möchte ich die folgende Antwort vorschlagen: Indem Freud darauf besteht, daß das menschliche Leben aufgrund seiner Bestimmtheit durch die Natur des Bewußtseins keine wesentliche Linderung zuläßt, will er die Authentizität des menschlichen Daseins, die früher von Gott verbürgt wurde, bewahren. Es geht ihm darum, alle Dinge davor zu bewahren, daß sie ihr »Schwergewicht« verlieren.

Wie wir wissen, war die Religion für Freud eine Illusion, die keinerlei Zukunft hatte. Diese Gewißheit war für seine Weltanschauung zentral, und er war unausgesetzt bemüht, sie noch zu verstärken. Doch ein Element der untergehenden Religion war Freud entschlossen zu retten, nämlich die verpflichtende Wirklichkeit, die die Religion dem

Leben gab. Unterschiedliche individuelle Temperamente mit unterschiedlichen kulturellen Neigungen werden auf *Das Unbehagen in der Kultur* unterschiedlich reagieren, aber niemand wird übersehen können, wie kraftvoll dort dargestellt ist, welch großen Anspruch das Leben anscheinend gerade durch seine Härte, Widerständigkeit und Irrationalität an uns stellt. Das Gewebe aus Widersprüchen, als das Freud das menschliche Dasein sieht, widersetzt sich den Neigungen, dem Willen und der Vernunft. Es läßt sich nicht leichthin manipulieren. Seine Vorstellung vom menschlichen Leben bewahrt etwas – viel – von der Strenge, mit der eine bestimmte Schicht der jüdischen und der christlichen Religion auf die Härte des menschlichen Schicksals reagiert. Wie im Buch Hiob wird das Geheimnis und die Natürlichkeit des Leidens – sein natürliches Geheimnis und seine geheimnisvolle Natürlichkeit – gezeigt und akzeptiert. Gleichzeitig wird das Leiden durch eine Art Sündenfall erklärt: nicht umsonst hatte Freud in seiner Jugend John Milton zu seinem Lieblingsdichter gewählt, und obwohl ihm der Gedanke der Erlösung nichts bedeutet, ergibt er sich – fast in einer betroffenen Hochstimmung wie Milton – in die Prüfung des menschlichen Lebens in der Geschichte.

Nichts liegt mir ferner, als den Eindruck zu erwecken, Freuds Einstellung zur menschlichen Erfahrung sei religiös. Ich will lediglich auf die Analogie hinweisen, die man in der Lebenseinstellung Freuds und einer Haltung entdecken könnte, die – obwohl weder ausschließlich noch eindeutig religiös – mit der Religion zusammenhängt und von ihr unterstützt wird. Wir könnten dies als das tragische Element des Judentums und des Christentums bezeichnen, im Sinne der literarischen Gattung der Tragödie und ihrer unerklärlichen Macht, durch die Darstellung des Leidens einen Glauben zu wecken, der keine Beziehung zur Hoffnung hat, und eine Frömmigkeit, die fast die Form des Stolzes annimmt. So bitter und scheinbar willkürlich das Schicksal auch sein mag, so läßt sich doch nicht leugnen, daß ihm eine authentische Bedeutung innewohnt, die durch einen Imperativ bestätigt wird, der sowohl das Geschehen selbst hervorgebracht hat, es hinzunehmen gebietet und damit die Authentizität dessen verbürgt, der dieses Schicksal erleidet. Diesen authentisierenden Imperativ, der irrational und jenseits der Vernunft ist, möchte Freud bewahren. Er verankert ihn in der Dialektik von Eros und Todestrieb, in der die menschliche Natur ihren Grund hat. Für sein eigenes Leben, die Formung seines Charakters und seines Stils ist dies von entscheidender Bedeutung gewesen. In den letzten Tagen seiner langen und schmerzhaften Krankheit hat Freud es seinem Arzt verboten, ihm irgendein stärkeres schmerzstillendes Mittel als Aspirin zu geben, und als er entdeckte, daß diese Anordnung nicht befolgt wurde, brauste er zornig auf: »Bei welchem Recht?« – Mit welchem Recht hatte der gute Dr. Schur in das kostbare Daseinsgefühl seines Patienten eingegriffen, das in der selbstgewählten Haltung zu seinem Schicksal zum Ausdruck kam, in dem Wunsch des Organismus, »auf seine Weise« – wie es in *Jenseits des Lustprinzips* heißt – zu sterben? Jener strenge Tadel hatte seinen Ursprung in Voraussetzungen, die heute archaisch geworden sind. Die Wahrnehmung ihres unabweisbar anachronistischen Charakters und ihrer immer schwächer werdenden Vitalität war der Grund für Nietzsches Abscheu vor der heraufziehenden modernen Kultur. Nietzsche fürchtete, daß die Dinge ihr »Schwergewicht« verlieren würden, und er sah, als Folge des Todes Gottes, die Authentizität der Erfahrung schwinden. Daher seine Verherrlichung dessen, was er als den »Pessimismus der Stärke« der Griechen in ihrer großen Zeit bezeichnet, daher sein leidenschaftlicher Aufruf zum *amor fati,* was mit einer Formulierung von Marx als »Aneignung der menschlichen Wirklichkeit« zu bestimmen wäre, zu der, wie Marx gesagt hat, das menschliche Leiden gehört, »denn das Leiden, menschlich gefaßt, ist ein Selbstgenuß des Menschen«. [99]

3.

Es braucht kaum betont zu werden, daß *Das Unbehagen in der Kultur* in der gegenwärtigen intellektuellen Kultur nur wenig Beifall findet. Die These, daß das Leben in der Kultur sich dem vernünftigen Willen weitgehend entzieht, ist der vorherrschenden Ideologie zutiefst fremd, und die herrschende Moralauffassung kann von dem Ethos, das dieses Werk prägt, nur verletzt werden. Schon an dem Titel wird diese Provokation deutlich. Freud wollte das Buch zunächst *Das Unglück in der Kultur* nennen und hat den heutigen Titel erst später gewählt. Für die englische Übersetzung hat er den Titel *Man's Discomfort in Culture* vorgeschlagen und der dann gewählten Formulierung *Civilization and Its Discontents* zugestimmt. Die Abschwächung von »Unglück« in »Unbehagen« plädiert offenbar dafür, das Leben, den Tod und die fortgeschrittene Daseinsweise, die auf ihre unerbittliche Dialektik zurückzuführen ist, entschlossen zu akzeptieren. Gleichzeitig fällt aber ein kalter Blick auf alle drei – es ist eine ironische Haltung von Hingabe und Gleichgültigkeit, wie Aristoteles sie für den großherzigen Mann fordert. Eine so patrizische ethische Einstellung muß den egalitären Hedonismus, der die Moral der gebildeten Mittelschicht ist, schockieren.

Ein deutlicher Hinweis darauf, wie fern die Freudsche Theorie dem zeitgenössischen Empfinden steht, ist die Aufmerksamkeit und Bewunderung, die die Schriften des britischen Psychiaters R. D. Laing in den letzten Jahren gefunden haben. Von der vielschichtigen psychischen Dynamik Freuds nimmt er keinerlei Kenntnis. Seine Theorie des Bewußtseinspathologie schließt von vornherein die Möglichkeit aus, daß mit den Bewußtseinsvorgängen Schmerz wesentlich verbunden ist, und überhaupt rechnet er kaum mit einer autonomen Bewußtseinstätigkeit. Laing löst das äußerst schwierige Problem der Schizophrenie durch eine höchst einfache Erklärung dieser extremen Bewußtseinsstörung. Seiner Ansicht nach ist die Schizophrenie durch äußere Umstände bedingt, durch Einflüsse, denen die Psyche – besonders das Gefühl des Selbstseins – einer Person, die mehr als andere dafür empfänglich ist, ausgesetzt ist. Charakteristisch für den Schizophrenen ist eine Schwäche des Daseinsgefühls, die Laing als »ontologische Unsicherheit« bezeichnet. [100] Der böse Einfluß, dem er nicht zu widerstehen vermag, ist gewöhnlich als Wohlwollen maskiert, doch seine wahre Natur läßt sich leicht aufdecken, denn es handelt sich immer um dasselbe, nämlich einen von der Gesellschaft durch die Instanz der Familie ausgeübten Druck. Die Familie ist für den ontologischen Bruch, das »geteilte Selbst« der Schizophrenie direkt verantwortlich. Laing behauptet kategorisch, jeder Fall von Schizophrenie müsse als eine besondere Strategie verstanden werden, »die jemand erfindet, um eine unerträgliche Situation ertragen zu können« [101], und dies ist immer eine Familiensituation, insbesondere aber die Forderung der Eltern, daß man ein Selbst haben solle, das nicht das wahre Selbst ist, und daß man sein solle, was man nicht ist. Wir können es so formulieren, daß Laing die Schizophrenie als die Antwort des Patienten auf die elterliche Forderung, unwahrhaftig, nicht-authentisch zu sein, konstruiert.

Laing sagt nicht, wie sich ein persönliches Wesen, das wirklich das eigene wäre, entwickelt und entwickeln kann und durch welche Mittel man Authentizität erlangt. Obwohl seine Theorie die schwersten Beschuldigungen gegen die Gesellschaft erhebt, schlägt er keinerlei Veränderungen der gegenwärtigen gesellschaftlichen Ordnung vor, durch die die Pathologie oder Verarmung des Bewußtseins, die er in der »Normalität« unserer Kultur erkennt, verhindert werden könnte. Das einzige Prinzip sozialen Handelns, das man aus Laings leidenschaftlicher, gelegentlich brillanter und bewegender Diagnose der Verhältnisse ableiten könnte, ist gänzlich negativ. Da das Selbst des Kleinkindes seine ursprüngliche Authentizität nur bewahren kann, wenn sein Reifeprozeß autonom abläuft, dürfen wir keiner Form von Pflege, Erziehung oder Sozialisierung zustimmen, wenn dabei irgendwelche Vorschriften eine Rolle spielen.

Was Laing über das Verhältnis von Bewußtsein und Gesellschaft zu sagen hat, ist im wesentlichen natürlich nicht neu. Er gibt eine Anschauung wieder, die unserer Kultur in unterschiedlichem Maße schon lange vertraut ist. Daß wir der Gesellschaft die Schuld geben, ist bei uns schon fast eine Denkkategorie geworden. Wir sind *a priori* der Ansicht, daß die Vorschriften der Gesellschaft das menschliche Dasein korrumpieren und seine Authentizität zerstören. Der Enthusiasmus für Laings Theorie ist kein Echo auf ihre Originalität, sondern auf ihren Extremismus – die Beschuldigung der Gesellschaft ist dabei nahezu absolut und dadurch wird sie als eine atemberaubende Befreiung verstanden, zwar nicht vom Band der Notwendigkeit, aber doch wenigstens von der Unerbittlichkeit ihrer moralischen Autorität.

Unter diesen Voraussetzungen kann man nicht ohne weiteres erwarten, daß eine Ansicht von der Beziehung des Bewußtseins zur Gesellschaft akzeptiert wird, die auf dem Gedanken beruht, Authentizität sei nur als Resultat sozialer Imperative möglich und davon abhängig, daß diese Imperative in Geltung bleiben. Diese Ansicht ist in der Tat vertreten worden, und zwar nicht von einem konservativen Humanisten, sondern von einem Autor, dessen Schuldvorwurf gegen die Gesellschaft durchaus nicht als milde zu bezeichnen ist – von Herbert Marcuse. Es war sicher nicht Marcuses Intention, diese These zu vertreten, doch offensichtlich drängte sie sich ihm auf, als er eine dazu im Gegensatz stehende Ansicht entwickeln wollte. Der Widerspruch, der in seinem Buch *Eros und Kultur* dadurch sichtbar wird, ist zunächst einigermaßen verwirrend, und, soweit ich sehen kann, gelingt es Marcuse nirgends, ihn aufzulösen. Die dadurch bedingte Unklarheit seiner Argumentation zeugt aber von seiner Redlichkeit.

In *Eros und Kultur* wird der Versuch gemacht, Marx und Freud miteinander zu harmonisieren. Wie aus dem Titel schon hervorgeht, ist es eine direkte Antwort auf *Das Unbehagen in der Kultur*. Ebenso wie Norman O. Brown, dessen Buch *Life Against Death* [dt. *Die Zukunft* *im Zeichen des Eros*] gewisse Berührungspunkte mit *Eros und Kultur* hat*, hat Marcuse eine hohe Meinung von Freuds Abhandlung und, wie Norman O. Brown, geht er mit den liberalen Revisionisten der Freudschen Psychoanalyse, die, wie Erich Fromm, deren pessimistische Voraussetzungen in Frage zu stellen suchen, hart ins Gericht. Marcuse, der diese Voraussetzungen akzeptiert, unternimmt den Versuch, das Resultat der von ihnen ausgehenden Argumentation Freuds und die These zu widerlegen, daß die Struktur des Bewußtseins nicht verändert oder sein Leiden nicht wesentlich gemildert werden könne.

Marcuses Vertrauen in die Möglichkeit einer radikalen Veränderung der Bewußtseinsverfassung beruht auf der Behauptung, daß in dem Vierteljahrhundert seit der Veröffentlichung von *Das Unbehagen in der Kultur* bereits sehr erhebliche Veränderungen eingetreten seien. Fortschritte der Technologie und ökonomische Entwicklungen, meint Marcuse, haben die gebieterische Kraft der materiellen Not, die in Freuds Darstellung der Bewußtseinsentwicklung des Menschen eine so wichtige Rolle spielte, sehr geschwächt. Die von der Not geforderte Versagung und der Zwang sind infolgedessen deutlich geringer geworden. Die allgemeine Lockerung moralischer Einschränkungen hat sich deutlich auf die Seele des Einzelnen ausgewirkt, und zwar so weitgehend, daß diese sich bereits strukturell verändert hat. Der Wandel, den Marcuse bereits eingetreten sieht, erscheint ihm als ein Vorbote noch bedeutsamerer Veränderungen in der Zukunft. Er sieht voraus, daß die gebieterische und zwingende Natur des Über-Ich, die er mit den Begriffen »›zusätzliche‹ Unterdrückung« und »Leistungsprinzip« bezeichnet [102], obsolet werden wird. Die von ihm in die Zukunft projizierte Kurve der weiteren Bewußtseinsveränderung weist auf das Ende der »Entfremdung« voraus, auf die Verwirklichung des vom jungen Marx erwarteten Reichs der Freiheit, in dem alle menschliche Tätigkeit freiwillig sein wird.

Marcuse setzt sich eingehend und kompromißlos mit den beiden Kriterien auseinander, mit denen Freud die geistige Gesundheit des Einzelnen, also seine Chancen, mit einem Minimum an Unglück oder einem Maximum kompensativer Belohnung in der Kultur zu leben, beurteilt. Diese Kriterien sind die Fähigkeit zu arbeiten und die volle

* Die amerikanische Originalausgabe von Marcuses Buch erschien 1955, *Life Against Death* 1959. In seinem Vorwort sagt Norman O. Brown, daß Marcuses Buch in dieselbe Richtung ziele wie sein eigenes, das heißt, die Möglichkeit einer Aufhebung der Repression wieder eröffnen wolle.

Entwicklung der genitalen Sexualität. Zweifellos läßt sich in beiden ein gewisser Grad oder eine Art von persönlicher Freiheit erkennen. Die Fähigkeit zu arbeiten setzt vermutlich den Wunsch zu arbeiten voraus, und Freud dachte wohl kaum an erzwungene Arbeit, sondern eher an eine zweckvolle und konstruktive Tätigkeit, die Befriedigung verspricht, und die Entwicklung der genitalen Sexualität kann nur dann als gelungen bezeichnet werden, wenn sie sich autonom und lustvoll verwirklicht. Dennoch schließen sowohl genitale Sexualität als auch Arbeit ein erhebliches Maß an Zwang und Versagung ein. Auf der gegenwärtigen Stufe der Menschheit ist eine so frei wie nur möglich gewählte und wie auch immer geliebte Arbeit nicht ohne Versagung denkbar und erfordert Zähigkeit und Selbstdisziplin. Auch die Entwicklung einer genitalen Sexualität ist ein mühsamer Prozeß, der nur durch den Verzicht auf frühere Formen sexueller Befriedigung zum Ziel gelangen kann. Marcuse, dessen prophetischer Blick einen möglichen Sieg über den Tod oder wenigstens über jegliche Angst vor dem Tod ins Auge faßt, sieht den Tag kommen, an dem das »Leistungsprinzip«, das auf Geheiß des Über-Ich in Kraft trat und das gegenwärtig sowohl unsere Auffassung von der Arbeit bestimmt wie auch die Verbindlichkeit des Ideals genitaler Sexualität ausmacht, seine unerbittliche Herrschaft aufgeben wird. Im Geiste Blakes charakterisiert Marcuse den Phallos als Urheber von Entfremdung und Tyrannei. Blake nennt ihn einen »aufgeblasenen Hohenpriester«, der darauf besteht, »durch eine geheime Pforte« einzutreten und damit leugnet, daß der Körper »in jeder winzigen Einzelheit« heilig ist. Wenn die infantilen sexuellen Regungen, die Freud als polymorph-pervers bezeichnet, nicht mehr zugunsten einer ausschließlichen Genitalität verdrängt werden, dann wird der Kreislauf von Versagung und Schuldgefühl durchbrochen sein und der im Über-Ich verankerte Todestrieb wird seine Aggression gegen das Selbst aufgeben.

In dieser Weise bewegt sich Marcuses Argumentation auf das Ziel von Friede, Freiheit und Lust zu, das durch die nachlassende materielle Not und die Schwächung der durch sie bedingten Gebote erreichbar geworden ist. Doch wie bereits erwähnt wendet sich seine Argumentation an einem bestimmten Punkt gegen sich selbst. Plötzlich wird klar, daß die Lockerung der moralischen Fesseln, die sich in der amerikanischen Kultur der Mitte der fünfziger Jahre, als Marcuse sein Buch schrieb, beobachten ließ, und von der es heißt, daß sie die Hoffnung auf eine erlösende psychische Veränderung wecke, in Wirklichkeit nicht den Beifall Marcuses findet. Im Gegenteil, er sieht sie mit einer Bestürzung, die er ausführlich erklärt.

Marcuse ist vor allem beunruhigt durch die Folgen des Wandels der traditionellen Rolle der Familie, die für die Entwicklung der Kinder so sehr an Bedeutung verloren hat, daß die psychische Morphologie nicht mehr mit ihrer Beschreibung bei Freud übereinstimmt. Marcuse hält das Leid, das dem Ich durch die willkürliche Strenge des Über-Ich und die von ihm ausgehende »›zusätzliche‹ Unterdrückung« in der klassischen Familiensituation zugefügt wird, keineswegs für unabdingbar, ganz im Gegenteil. Ihn beschäftigt ausschließlich die Schwächung der Macht des Über-Ichs, als deren Folge er einen beklagenswerten Schwund an Individualität und Autonomie erkennt. »Durch den Kampf mit Vater und Mutter als persönliche Zielscheiben für Liebe und Aggression«, schreibt er, »trat die jüngere Generation mit Impulsen, Ideen und Bedürfnissen in die Gesellschaft ein, die weitgehend *ihre eigenen* waren. Infolgedessen war ihre Über-Ichbildung, die verdrängenden Umformungen ihrer Impulse, ihr Triebverzicht und ihre Sublimierung höchst persönliche Erlebnisse. Gerade deswegen hinterließ ihre Anpassung schmerzliche Narben und das Leben ... bewahrte sich noch immer eine Sphäre des privaten Non-Konformismus.« In unserer gegenwärtigen kulturellen Situation jedoch sieht Marcuse durch die Schwächung der Autorität der Familie, besonders des Vaters, das Ich derart »eingeschrumpft, daß die vielfältigen antagonistischen Vorgänge zwischen Es, Ich und Über-Ich sich nicht mehr in der klassischen Form entfalten können«. In der gegenwärtigen Ordnung »scheint die Bildung des erwachsenen Über-Ichs das Stadium der Individualisierung zu überspringen, mit dem Ergebnis, daß »das generische – der Gattung angehörende – Atom ... unmittelbar zum sozialen Atom« wird. [103]

Was Marcuse über die Entwicklung des Individuums sagt, haben wir schon einmal gehört. Er meint dasselbe wie Rousseau, wenn er vom »Gefühl des Daseins« sprach, das von der Vergesellschaftung verschlungen und negiert werde. Rousseaus Sinn für die Schwäche des Daseinsgefühls seiner Zeitgenossen im Vergleich zu dem der alten Spartaner, oder der Pariser im Vergleich zu den Genfern, hat eine Entsprechung in Marcuses Bevorzugung eines Persönlichkeitstyps, der von einer vergleichsweise repressiven Gesellschaft, wie Freud sie selbstverständlich voraussetzte, geformt wurde, gegenüber dem Persönlichkeitstyp einer späteren, weniger strengen Zeit.

Wie nicht anders zu erwarten, hält Marcuse die negativen politischen

Folgen einer geschwächten Individualität für höchst bedeutsam. Er sieht, daß, verglichen mit einer traditionellen Gesellschaft, eine Überflußgesellschaft, die permissiv und lustorientiert ist, den Einzelnen sowohl wirkungsvoller als auch tiefer kontrollieren wird, und er ist zu der Schlußfolgerung genötigt, daß moralische Unbotmäßigkeit und politischer Aktivismus nur durch Verzicht und Sublimierung entstehen können. Doch nicht nur aus moralischen und politischen Gründen zieht Marcuse, unangesehen seiner utopischen Zielsetzung, die von einer nicht-permissiven Gesellschaft geprägte Charakterstruktur vor. Seine Haltung ist in dieser Frage, ebenso wie die Rousseaus, zum Teil durch eine, wie ich es genannt habe, Ästhetik der Persönlichkeit bestimmt. Er wünscht, daß die Menschen »Charakter« haben, welche Versagung auch immer das kosten mag. Er ist fest davon überzeugt, daß die wahre Qualität des menschlichen Lebens, seine Intensität, seine Kreativität, seine Wirklichkeitserfahrung und sein »Schwergewicht« erst durch bestimmte Anforderungen hervortreten. Diese Gewißheit steht im Einklang mit dem vorherrschenden ethischen Stil des Jahrhunderts, in dem Marcuse geboren wurde. In einem seiner denkwürdigsten Briefe schreibt Keats im Jahre 1819: »Siehst Du, wie notwendig eine Welt von Schmerz und Mühsal ist, um eine Vernunft heranzubilden und aus ihr eine Seele zu machen?«, das heißt, ein Ich oder Selbst, das, wie Keats sich ausdrückt, *»das Gefühl der Identität zu besitzen bestimmt ist«* (Hervorhebung von Keats). In seiner weniger direkten Weise hat Freud, wie wir gesehen haben, der Not dieselbe Aufgabe zugewiesen, und im selben Augenblick, da Marcuse das mögliche Ende der Not prophezeit, entdeckt er in ihr eine unerwartete Wohltat – ihrem rauhen Gebot verdankt sich die Authentizität des Individuums und seiner Erfahrung.

Zweifellos gibt es einen Hegelschen Kunstgriff, um den Widerspruch aufzulösen zwischen Marcuses Bevorzugung der von Not bedingten scharf umrissenen Charakterstruktur und seiner polemischen Hingabe an eine Utopie, die die Not beseitigen wird. Diesen dialektischen Kunstgriff habe ich nirgends entdecken können. Der Widerspruch darf zusammen mit der verwirrenden Frage stehenbleiben, wie denn der Prozeß utopischer Erlösung auf der Grundlage solcher psychischer Veränderungen, wie Marcuse sie 1955 beobachtete und die zu einer Charakterstruktur und Kultur führten, denen es seiner Ansicht nach ebenso an Reiz wie an Authentizität mangelte, weitergehen könne.

4.

Ich habe darauf hingewiesen, daß Marcuse sich durch seine Schätzung einer Charakterstruktur, die durch die Anforderungen einer traditionellen Gesellschaft bedingt und verstärkt wird, von der heute vorherrschenden Tendenz zu radikaler Spekulation über persönliche Authentizität selbst distanziert hat und ihr entgegengetreten ist. Den Grad dieser Entfremdung kann man an einer extremen, doch charakteristischen Äußerung dieser Tendenz ablesen, die in den letzten Jahren auf dramatische Weise hervorgetreten ist, nämlich an der Ansicht, der Wahnsinn sei ein Daseinszustand, dem ein besonders hohes Maß von Authentizität innewohne.

Diese bemerkenswerte Meinung hat sich, wie man vermuten möchte, teilweise als Reaktion auf die in unserer Zeit immer unübersehbareren und in ihren Formen sich verschärfenden Geisteskrankheiten gebildet. Vor etwa vierzig Jahren glaubten die Psychoanalytiker beobachten zu können, daß die hysterischen Neurosen, mit denen Freud es in seiner frühen Praxis und Theorie zu tun hatte, den sogenannten Charakterneurosen Platz machten, deren Symptome weniger sichtbar und schwer waren, im wesentlichen Ängste und Verhaltensstörungen, die den Patienten, so schmerzhaft sie sein mochten, für das soziale Leben nicht untauglich machten. Diese milderen Formen der Pathologie – oder ihrer Kenntnisnahme – scheinen jetzt durch Formen abgelöst zu werden, die heftiger sind als alle Arten von Neurosen. Heute beschäftigt die psychiatrische Theorie – einschließlich der Laienpsychiatrie – nicht in erster Linie die Neurose, sondern die weit extremere Pathologie der Psychose, insbesondere die Schizophrenie. Zwar ist die klinische Theorie Freuds keineswegs als unerheblich für die Schizophrenie abzuschreiben, aber ihr therapeutisches Verfahren führt bei der Behandlung dieser Pathologie zu keinem entscheidenden Erfolg. Das Freudsche Ethos, das ich durch seine patrizische Haltung charakterisiert habe, mit der er das Leben in der Kultur zugleich akzeptiert und Distanz zu ihm hält, ist der Situation des Psychotikers in einer offensichtlichen und beklagenswerten Weise unangemessen.

Angesichts des Ausmaßes und der Schrecklichkeit der Problematik – man hat geschätzt, daß ein Prozent aller Kinder schizophren wird – und angesichts der Ergebnislosigkeit aller Versuche, die Ursachen der Schizophrenie in irgendeiner biologischen Störung zu entdecken, war es ganz unvermeidlich, daß man nach sozialen Ursachen dieser furchtbaren Krankheit suchen würde. Nicht weniger unvermeidlich war es, daß die Charakterisierung der Gesellschaft, die damit auch nur mit einem Anschein von Plausibilität ursächlich verknüpft werden konnte, äußerst negativ ausfallen mußte. Es war damit unmöglich geworden, die Gesellschaft noch als eine Instanz der Kultur zu betrachten, die für die Gabe der menschlichen Entwicklung einen Preis forderte, der zwar hoch war, letztlich die Mittel der Menschheit aber doch nicht überstieg, sondern sie mußte als Zerstörerin eben der Humanität erscheinen, die sie zu fördern vorgab. Nicht unausweichlich aber war die Folgerung, daß die Geisteskrankheit eine menschliche Daseinsform sei, die um ihrer Authentizität willen geschätzt werden müsse.

Diese These beruht auf zwei Voraussetzungen. Erstens ist die Geisteskrankheit eine direkte und angemessene Antwort auf die zwanghafte Inauthentizität der Gesellschaft. Das heißt, daß die Geisteskrankheit nicht nur durch die Anforderungen der Gesellschaft erzeugt und passiv erlitten wird, sondern sie ist auch ein Akt, durch den der Kranke seinen Willen äußert, der zwanghaften Situation entgegenzutreten und sie zu überwinden. Gleichgültig ob ihm dies gelingt oder nicht, so ist sie doch ein Akt der Kritik, der die wahre Natur der Gesellschaft enthüllt. So interpretiert, erscheint die Geisteskrankheit als eine Form von Rationalität, und die Gesellschaft selbst trifft der Vorwurf, bis zum Wahnsinn irrational zu sein. Die zweite Voraussetzung ist, daß die Geisteskrankheit die Negation von einschränkenden Bedingungen überhaupt sei, eine Form persönlicher Existenz, die ihre Kraft aus ihrer Selbstgenügsamkeit ziehe.

Ich halte es für überflüssig, sich mit dieser Erscheinung unserer intellektuellen Kultur analytisch argumentierend auseinanderzusetzen. Man würde diese Position damit nicht treffen. Früher nannte man so etwas *cant* – Geschwafel. Es ist auffällig, daß dieses Wort aus dem modernen Sprachgebrauch verschwunden ist. Wenn ich diese Position so beschreibe, wie ich es hier tue, dann will ich ihre kulturelle Bedeutung nicht schmälern, die ich vielmehr für sehr erheblich halte.

Beinahe, aber nicht nur Geschwafel war es, als Norman O. Brown in seiner *Phi Beta Kappa*-Vorlesung an der Columbia University 1960 von der »Erleuchtung« und den »übernatürlichen Kräften« sprach, die er erlangen wolle und die, wie er sagte, »zu uns nur auf dem Wege des Wahnsinns kommen«. Norman O. Brown bemühte sich mit der gebührenden Berufung auf Sokrates im *Phaidros* und auf Ficino und Nietzsche zu präzisieren, daß der notwendige Wahnsinn »geheiligter Wahnsinn« sein müsse. [104] Das heißt, mit der Imagination, durch die der Einzelne sich von seiner Fesselung an soziale Institutionen und an die demokratische Form der Vernunft, wie sie in den Wissenschaften und vor allem in der Sprache selbst verankert ist, befreit, meinte er nicht die Geisteskrankheit im wörtlichen, sondern in dem fast metaphorischen Sinne, wie er gewöhnlich durch das mildere Wort »Wahnsinn« angezeigt und durch dessen uralte Herkunft geadelt wird. Obwohl noch kein Geschwafel, tendiert dies dahin und macht den Weg zu vollendetem Geschwafel frei, wie man es in David Coopers Einleitung zur englischen Übersetzung von Michel Foucaults Buch über die Entwicklung der modernen Auffassung des Wahnsinns als einer Krankheit findet. David Cooper ist ein bekannter streitbarer Psychiater und war Mitarbeiter von Laing. »Wahnsinn«, heißt es bei ihm, »ist in unserer Zeit so etwas wie eine verlorene Wahrheit geworden.« Und er fährt fort: »Wie Foucault in seinem Buch so eindrucksvoll zeigt, ist der Wahnsinn eine Möglichkeit, den Wurzelgrund der Wahrheit *in extremis* zu erreichen, der unserem spezifischen Gefühl für das zugrundeliegt, was es mit uns auf sich hat. Die Wahrheit des Wahnsinns ist, was der Wahnsinn ist. Was der Wahnsinn ist, ist eine Form von Vision, die sich selbst zerstört, indem sie angesichts der bestehenden Formen sozialer Taktik und Strategie das Vergessen wählt. Wahnsinn ist beispielsweise, wenn ich dem Gefühl, daß ich Christus bin (oder daß du es bist) eine Stimme verleihe.« [105] Wahnsinn ist also keine Krankheit, kein Mangel, sondern die endlich wirklich gewordene Gesundheit. Laing hat mehr Verstand und schreibt eine bessere Prosa als Cooper. Er kann sich deswegen kompetenter und differenzierter ausdrücken. Er meint, daß »in einer Psychose transzendentale Erfahrungen *nur manchmal* [Hervorhebung von ihm] zum Durchbruch kommen« und dadurch deutlich machen, daß sie »mit jenen Erfahrungen des Göttlichen zusammenhängen, die der Lebensquell aller Religion sind«. Laing unterscheidet zwischen »wahrem« Wahnsinn und Wahnsinn, der eine »Travestie« der Heilung ist. Nur der »wahre« Wahnsinn ermöglicht transzendentale Erfahrungen von heuristischem Wert. Jede Psychose jedoch ist als ein therapeutischer Prozeß zu begreifen, nicht als eine Krankheit, sondern als der Versuch, eine Krankheit zu heilen, und die Gewißheit ist unabweisbar, daß »wahre Gesundheit in der einen oder anderen Weise die Auflösung des normalen Ich einschließt, jenes falschen Ich, das vollkommen an unsere entfremdete Wirklichkeit angepaßt ist...«

Niemand, der eine Erfahrung unserer sozialen Realität hat, wird ihren entfremdeten Charakter bezweifeln. Und niemand, der seine Erfahrung im Lichte der bedeutenden Spekulationen der letzten beiden Jahrhunderte durchdenkt, von denen einige auf diesen Seiten besprochen worden sind, wird sich dem Vorschlag verschließen können, alle anerkannten Werte und alle vertrauten Realitäten auf den Kopf zu stellen.

Wer aber mit einem psychotischen Freund gesprochen oder zu sprechen versucht hat, der wird kaum bereit sein, an dem Schmerz seiner Verwirrung und Einsamkeit Verrat zu üben, indem er ihn zum Vorbild für die Befreiung aus dem Gehäuse der Falschheit einer entfremdeten sozialen Realität erklärt. Und wem die Sätze, die den Wahnsinn (um das vom Geschwafel bevorzugte Wort zu gebrauchen) als Transzendenz und Charisma beschreiben, einleuchten, der wird die in ihnen zum Ausdruck kommende große Verweigerung menschlicher Beziehungen und die erschreckende Überzeugung nicht übersehen, wonach die menschliche Existenz dadurch authentisch werden soll, daß sie eine Macht besitzt oder zu besitzen sich einbildet, die durch die gleichrangige Existenz irgendeines anderen Menschen nicht bestimmt oder eingeschränkt wird.

Dennoch nimmt ein großer Teil der Gebildeten die Lehre bereitwillig an, daß der Wahnsinn Gesundheit, Befreiung und Authentizität sei. Aber auch wenn wir in Rechnung stellen, daß die, die dieser Lehre zustimmen, durchaus nicht daran denken, selbst wahnsinnig, geschweige denn geisteskrank zu werden (denn für das geistige Leben in unserer Kultur ist es bezeichnend, daß es eine Form der Zustimmung begünstigt, die keine wirkliche Überzeugung voraussetzt), so ist es für unsere Situation dennoch charakteristisch, daß der Gedanke uns offenbar befriedigt, die Entfremdung könne nur durch eine vollendete Entfremdung überwunden werden und diese vollendete Entfremdung sei nicht etwa ein Mangel, sondern eine positive Möglichkeit. Vielleicht gerade deswegen, weil dieser Gedanke so leicht und ohne jede, wie man früher sagte, Ernsthaftigkeit Zustimmung findet, hat man den Eindruck, daß die Enttäuschung über das soziale Leben noch nie mit solcher Verzweiflung zum Ausdruck gekommen ist wie in diesem Eifer, mit dem man behauptet, daß die Authentizität des persönlichen Lebens sich nur durch die äußerste Isolierung und durch die Kraft, die man sich dadurch erhofft, erlangen läßt. Den Lügen einer entfremdeten sozialen Realität begegnet man durch eine psychopathische Steigerung zur Göttlichkeit, wo jeder von uns Christus wird, aber man nimmt nicht die Mühe auf sich, einzugreifen, Opfer zu sein, mit Rabbis zu streiten, zu predigen, Schüler zu gewinnen, auf Hochzeiten und Begräbnisse zu gehen, irgendetwas zu beginnen und an einem gewissen Punkt festzustellen, daß es zu Ende ist.

Anmerkungen

1 *The Letters of Charles Dickens,* hrsg. von W. Dexter (London: Nonesuch Press, 1938), Bd. 2, S. 620–21.

2 *The Poetical Works of Matthew Arnold,* hrsg. von C. B. Tinker und H. F. Lowry (London: Oxford University Press, 1950), S. 483.

3 Friedrich Schiller, *Über die ästhetische Erziehung des Menschen, in einer Reihe von Briefen,* Vierter Brief.

4 Nathaniel Hawthorne, *The Scarlet Letter,* Kap. 24 (»Conclusion«).

5 T. S. Eliot, »Tradition und individuelle Begabung«, in: *Essays I* (Frankfurt: Suhrkamp, 1967), S. 350.

6 James Joyce, *Ein Porträt des Künstlers als junger Mann,* in: *Werke* 2 (Frankfurt: Suhrkamp, 1972), S. 490.

7 Motto der Titelseite von Jean Hytier, *André Gide,* vermutlich aus einem Brief von Gide an den Verfasser.

8 L. Trilling, »On the Teaching of Modern Literature«, *Beyond Culture* (London: Secker, 1965), S. 8.

9 D. Davie, »On Sincerity: From Wordsworth to Ginsberg«, *Encounter,* Okt. 1968, S. 61–66.

10 W. B. Yeats, »The Circus Animals' Desertion«, *Collected Poems* (London: Macmillan, 1956), S. 336. Dt. W. B. Yeats, *Werke,* Bd. 1 (Neuwied–Berlin: 1970), S. 277.

11 J. J. Rousseau, *Brief an d'Alembert über das Schauspiel,* in: *Schriften,* hrsg. von H. Ritter (München: Carl Hanser, 1978), Bd. 1, S. 369 und 378.

12 (London: Chatto & Windus, 1958.) Dt.: *Gesellschaftstheorie als Begriffsgeschichte. Studien zur historischen Semantik von »Kultur«* (München: Rogner & Bernhard, 1972).

13 F. Yates, »Bacon and the Menace of English Literature«, *New York Review of Books,* 27. März 1969, S. 37.

14 Z. Barbu, *Problems of Historical Psychology* (London: Routledge, 1960), S. 146.

15 P. Delany, *British Autobiography in the Seventeenth Century* (London: Routledge, 1969), S. 19.

16 *Manifest der kommunistischen Partei,* in: K. Marx, *Die Frühschriften,* hrsg. von S. Landshut (Stuttgart: Kröner, 1964), S. 530.

17 M. Walzer, *The Revolution of the Saints* (Cambridge: Harvard University Press, 1965), S. 121.

18 Baldassare Castiglione, *Das Buch vom Hofmann* (Bremen: Sammlung Dieterich, 1960).

19 Vgl. dazu das Buch von P. Delany (Anm. 15), passim.

20 G. Gusdorf, »Conditions et limites de l'autobiographie«, in: *Formen der Selbstdarstellung*, hrsg. von Reichenkron und Haase (Berlin, 1956), S. 108.

21 P. Delany, a.a.O., S. 11.

22 J. Lacan, »Le stade du miroir comme formateur de la fonction du Je, telle qu'elle nous est révelée dans l'expérience psychanalytique«, *Revue française du psychanalyse*, Bd. XIII (1949), S. 449–55.

23 Zum Zusammenhang zwischen Spiegel, Selbstbildnis und Autobiographie, siehe P. Delany, a.a.O., S. 12–14.

24 Karl Marx, Friedrich Engels, *Werke* (MEW), Bd. 23 (Berlin: Dietz, 1965), S. 303–4.

25 Dieses und die folgenden Zitate aus *Rameaus Neffe* sind der Goetheschen Übersetzung entnommen (Weimarer Ausgabe, Bd. 45). Freud zitiert diesen »merkwürdigen Satz« französisch in seinen *Vorlesungen zur Einführung in die Psychoanalyse*, Studienausgabe, Bd. I (Frankfurt: S. Fischer, 1969), S. 332. (A. d. Ü.)

26 Pascal, *Pensées*, hrsg. von L. Brunschvicq, Nr. 434.

27 L. Goldmann, *Der verborgene Gott* (Neuwied–Berlin: Luchterhand, 1973), S. 250.

28 *Rameaus Neffe*, a.a.O.

29 In der Ausgabe von Hoffmeister (Hamburg: Felix Meiner, 6. Aufl., 1952), S. 347–376. Lionel Trillings Interpretation des Abschnittes »Der *sich entfremdete* Geist. Die Bildung. I, Die Welt des sich entfremdeten Geistes. a. Die Bildung und ihr Reich der Wirklichkeit« geht von der englischen Übersetzung von J. B. Baillie aus (*The Phenomenology of Mind*, zweite verb. Auflage, London: Allen & Unwin, 1949, S. 509–548). Siehe dazu auch die folgende Anmerkung.

30 Baillie gibt Hegels »edelmütig« durchgängig mit »noble« wieder, wodurch die soziologischen Konnotationen verstärkt werden. (A. d. Ü.)

31 In Goethes Übersetzung, die Hegel vor sich hatte, lautete die Stelle im Zusammenhang: »Ich war betroffen von so viel Geschick und so viel Niedrigkeit, von richtigen und wieder falschen Ideen, von einer so völligen Verkehrtheit der Empfindung, einer so vollkommenen Schändlichkeit und einer so seltenen Offenheit.« (A. d. Ü.)

32 F. Kermode, Einleitung zu *The Tempest*, Arden Edition (London: Methuen, 1961), S. LIV.

33 W. Sypher, *Loss of Self in Modern Literature and Art* (New York: Vintage, 1964), S. 15. Die »von uns nicht nur abgelehnte, sondern zer-

störte Idee des Selbst« führt Sypher auf die »romantisch-liberale Tradition« zurück (S. 8).

34 A. Freud, *Some Difficulties in the Path of Psychoanalysis* (New York: International Universities Press, 1969).

35 H. Peyre, *Literature and Sincerity* (New Haven, London: Yale University Press, 1963), S. 1.

36 J. J. Rousseau, *Bekentnisse* (München: Winkler, 1978), S. 9.

37 J. J. Rousseau, *Abhandlung über die Frage, ob die Wiederherstellung der Wissenschaften und Künste zur Läuterung der Sitten beigetragen hat*, in: *Schriften*, a.a.O., Bd. 1, S. 33, 36.

38 J. J. Rousseau, *Abhandlung über den Ursprung und die Grundlagen der Ungleichheit unter den Menschen*, a.a.O., S. 264.

39 J. J. Rousseau, *Brief an Herrn d'Alembert über seinen Artikel »Genf« im VII. Band der Enzyklopädie und insbesondere über den Plan, ein Schauspielhaus in dieser Stadt zu errichten*, a.a.O., S. 352, 355.

40 Ebd., S. 358.

41 Ebd., S. 348, 462.

42 P. Gay, *The Party of Humanity* (London: Weidenfeld, 1964), S. 250.

43 D. Riesman, N. Glazer und R. Denny, *Die einsame Masse. Eine Untersuchung der Wandlungen des amerikanischen Charakters* (Reinbek: Rowohlt, o. J., 1958).

44 J. J. Rousseau, a.a.O., S. 415.

45 J. J. Rousseau, *Bekenntnisse*, a.a.O., S. 12.

46 J. M. Thompson, *Robespierre* (London: O. U. P., 1939), S. 280.

47 A. Mathiez, *The French Revolution* (New York: Knopf, 1928), S. 462.

48 H. Arendt, *Über die Revolution* (München: Piper, 1965), S. 111–39, besonders S. 135.

49 Siehe F. W. Bradbrook, *Jane Austen and Her Predecessors* (Cambridge, C. U. P., 1966), S. 121.

50 J. J. Rousseau, *Brief an Herrn d'Alembert*, a.a.O., S. 417.

51 J. J. Rousseau, *Träumereien eines einsamen Spaziergängers*, a.a.O., Bd. 2, S. 699 f.

52 J. J. Rousseau, *Bekenntnisse*, a.a.O., S. 48.

53 *The North British Review*, LII, April 1870, S. 129–150.

54 J. Barzun erkennt diese Behauptung als die seinige, ohne sich jedoch zu erinnern, wo er sie aufgestellt hat.

55 W. Benjamin, »Der Erzähler. Betrachtungen zum Werk Nikolai Lesskows«, *Gesammelte Schriften* (Frankfurt: Suhrkamp, 1977), Bd. II, 2, S. 441–42.

56 R. Warshow, »The Westerner«, *The Immediate Experience* (Garden City, N. Y.: Doubleday, 1962), S. 153.

57 M. Bieber, *The History of the Greek and Roman Theatre* (Princeton/London: Princeton University Press, 1939), S. 15.

58 H. Jonas, *The Gnostic Religion*, zweite durchges. Aufl. (Boston: Beacon Press, 1963), S. 249.

59 J. Joyce, *Werke* 5: *Briefe* I, hrsg. von Richard Ellmann (Frankfurt: Suhrkamp, 1969), S. 200.

60 Brief vom 14. Juni 1802, *The Early Letters of William and Dorothy Wordsworth*, hrsg. von E. de Selincourt (Oxford: Clarendon Press, 1935), S. 306.

61 E. Burke, *A Philosophical Enquiry into the Origin of our Ideas of the Sublime and Beautiful*, hrsg. von J. T. Boulton (London: Routledge, 1958), S. 149–50.

62 F. Schiller, *Über die ästhetische Erziehung des Menschen*, 16. Brief.

63 Burke, a.a.O., S. 51.

64 J.-P. Sartre, *Der Ekel* (Reinbek: Rowohlt, 1968 u. ö.).

65 N. Sarraute, »Flaubert der Vorläufer«, in: *Über Gustave Flaubert* (Zürich: Diogenes, 1979), S. 312–13.

66 J.-P. Sartre, Einleitung zu N. Sarraute, *Portrait d'un Inconnu* (Paris: Gallimard, 1948). Dt.: »Bildnis eines Unbekannten«, in: J.-P. Sartre, *Porträts und Perspektiven* (Reinbek: Rowohlt, 1971), S. 10, 12.

67 Die Zitate sind der Übersetzung von Fritz Lorch entnommen (Frankfurt: S. Fischer, 1968).

68 R. W. Emerson, *English Traits*, hrsg. von H. M. Jones (Cambridge, Mass.: Harvard University Press, 1966), S. 76, 70.

69 S. Freud, *Das Unbehagen in der Kultur* (*Studienausgabe*, Bd. IX) (Frankfurt: S. Fischer, 1969), S. 208.

70 F. W. H. Myers, »George Eliot«, *Essays, Classical and Modern* (London: Macmillan, 1921), S. 495.

71 O. Wilde, »Phrases and Philosophies for the Use of the Young«, *The Artist as Critic: Critical Writings of Oscar Wilde*, hrsg. von R. Ellman (New York: Random House, 1969), S. 433.

72 O. Wilde, »Der Kritiker als Künstler«, *Werke*, hrsg. von R. Gruenter, Bd. 1 (München: Carl Hanser, 1970), S. 509.

73 R. W. Emerson, *The Journals and Miscellaneous Notebooks*, hrsg. von A. W. Plumstead und H. Hayford (Cambridge, Mass.: Harvard University Press, 1969), Bd. VIII, S. 423; *Letters and Social Aims* (*Complete Works*, Centenary Edition, Bd. VIII) (Boston/New York: Houghton Mifflin, 1904), S. 196.

74 F. Nietzsche, *Jenseits von Gut und Böse*, Vorrede (*Werke*, hrsg. von K. Schlechta, Bd. 2) (München: Carl Hanser, o. J., 2. Aufl. 1960), S. 565 f.

75 O. Wilde, »Die Wahrheit der Masken«, a.a.O., S. 558.

76 F. Schiller, *Über die ästhetische Erziehung des Menschen*, Fünfzehnter Brief.

77 K. Marx, *Ökonomisch-philosophische Manuskripte* (1844) (K. Marx, F. Engels, *Werke*, Erg. Bd. I) (Berlin: Dietz, 1968), S. 549.

78 Ebd., S. 563, 566, 567.
79 Emerson, *English Traits,* a.a.O., S. 66–67.
80 R. Banham, *Theory and Design in the First Machine Age,* 2. Aufl (New York: Praeger, 1967), S. 12.
81 F. T. Marinetti, zit. nach R. Banham, a.a.O., S. 123.
82 S. Freud, *Das Unbehagen in der Kultur,* a.a.O., S. 222.
83 Siehe Banham, a.a.O., S. 103.
84 W. Benjamin, a.a.O., S. 442.
85 R. Gilman, *The Confusion of Realms* (New York: Random House, 1969), S. 78.
86 G. R. Elton, *Political History: Principles and Practice* (London: Lane, 1970), S. 158–59, 161.
87 J. H. Plumb, *The Death of the Past* (London: Macmillan, 1969, S. 14–15, 86, 77.
88 F. Nietzsche, *Nachgelassene Werke* (*Nietzsches Werke,* hrsg. von E. Förster-Nietzsche, Bd. XIII) (Leipzig, 1903), S. 316–17.
89 T. Carlyle, »Shooting Niagara: And After?«, *Scottish and Other Miscellanies* (London: Dent, 1932), S. 321.
90 H. F. Ellenberger, *The Discovery of the Unconscious: History and Evolution of a Dynamic Psychiatry* (New York: Lane, 1970), S. 537.
91 S. Freud, *Das Unbehagen in der Kultur,* a.a.O., S. 198.
92 S. Freud, *Vorlesungen zur Einführung in die Psychoanalyse,* a.a.O., Bd. I, S. 350.
93 J.-P. Sartre, *Das Sein und das Nichts* (Hamburg: Rowohlt, 1952), S. 95 f.
94 Ebd., S. 98.
95 S. Freud, *Das Ich und das Es,* a.a.O., Bd. III, S. 287.
96 S. Freud, *Das Unbehagen in der Kultur,* a.a.O., S. 198, 246.
97 S. Freud, *Das Ich und das Es,* a.a.O., S. 295.
98 S. Freud, *Die Zukunft einer Illusion,* a.a.O., Bd. IX, S. 145.
99 K. Marx, *Ökonomisch-philosophische Manuskripte,* a.a.O., S. 540.
100 R. D. Laing, *Das geteilte Selbst* (Köln: Kiepenheuer & Witsch, 1972), S. 47 ff.
101 R. D. Laing, *Phänomenologie der Erfahrung* (Frankfurt: Suhrkamp, 1969), S. 104. Siehe auch R. D. Laing und A. Esterson, *Wahnsinn und Familie* (Köln: Kiepenheuer & Witsch, 1975).
102 H. Marcuse, *Eros und Kultur* (Stuttgart: Ernst Klett, 1957), S. 42, 44, 50.
103 Ebd., S. 98, 101.
104 N. O. Brown, »Apocalypse«, *Harper's Magazine,* Mai 1961, S. 46–49. Dt. in N. O. Brown, *Love's Body* (München: Carl Hanser, 1977), S. 9–14.
105 D. Cooper, Einleitung zur englischen Ausgabe von M. Foucault, *Folie et déraison* (1961). *Madness and Civilisation: A History of Insanity in the Age of Reason* (New York: Random House, 1965), S. VII–IX.